▌▌ méxico FRESCO ▌▌

méxico
FRESCO

100 RECETAS SENCILLAS CON AUTÉNTICO SABOR MEXICANO

MARCELA VALLADOLID

FOTOGRAFÍAS DE AMY KALYN SIMS

VINTAGE | ESPAÑOL
Una división de Random House, Inc.
Nueva York

Traducción de Nuria García y Paola Gosset
Diseño del libro de Amy Sly
Fotografías por Amy Kalyn Sims

www.grupodelectura.com

Impreso en Hong Kong
10 9 8 7 6 5 4 3 2 1

PARA MI MAMÁ

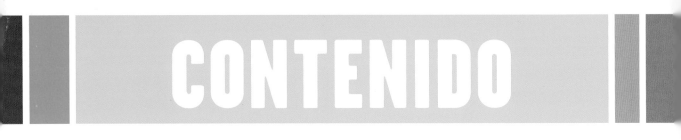

CONTENIDO

INTRODUCCIÓN

La cocina mexicana está llena de sabores frescos y brillantes, y estoy emocionada por compartirlos contigo. En estas páginas, encontrarás recetas que representan al México moderno, al México tradicional y a mí. Son accesibles —hechos con ingredientes que puedes encontrar fácilmente— y muy representativos de la comida mexicana de hoy.

Está en mi naturaleza romper estereotipos, y estoy en una buena posición para hacerlo. Soy originaria de Tijuana. He cruzado la frontera internacional de San Ysidro, entre Tijuana y San Diego, toda mi vida. Créeme, he escuchado suficientes bromas a costa de mi querida ciudad natal.

Al crecer en una ciudad fronteriza, estuve influenciada por ambas culturas. Yo crecí con la auténtica comida mexicana: grillos, escamoles y cuitlacoche (hongo del maíz), y me encantó. Ahora, tampoco es de lo que se trata este libro, pero creo firmemente que se te permite cambiar o romper las reglas sólo después de que las comprendes y las respetas. Y yo conozco las reglas. El complicado mole era una cena frecuente en mi casa durante mi niñez, las enchiladas picosas aparecían seguido en el desayuno y las salsas caseras, el agua de Jamaica y las tortillas eran básicas.

Así, mientras los grillos la pasaban bien en mi despensa, descubrí desde un principio que también me encanta ir de compras (y me encantan los ingredientes) a los mercados en San Diego. Soy la primera en reconocer que la vida es mucho más práctica al norte de la frontera. Puedes encontrar lo que quieras, si lo buscas lo suficiente. ¿Quién necesita hacer hojaldre o pasta fresca cuando puedes encontrar masa perfecta y lista para usar en la sección de comidas congeladas de tu supermercado? ¿Por qué no unir las dos? ¿Por qué no dejarlo mexicano de raíz, pero sencillo de preparar?

Mi comida, como verás en este libro, es muy parecida a mí. Es mexicana, pero influenciada por otras culturas. Es sofisticada en su presentación, pero fácil de preparar. Además, mis recetas no son los moles, pipianes o salsas 100 por ciento auténticos y tradicionales que puedes encontrar en los libros de recetas de maestros como Diana Kennedy. Los libros escritos por la señorita Kennedy en los setenta me los pasó mi abuelo y han jugado un papel decisivo en mi formación como cocinera profesional. Pero no tengo el tiempo para ese tipo de cocina cuando tengo que servirle la comida a mi hijo pequeño.

Aquí encontrarás todos los sabores auténticos sin tanto rollo, sin tener que comprar quince ingredientes difíciles de encontrar y después esclavizarte en la cocina por horas. La gran mayoría de los ingredientes de este libro están disponibles en los supermercados de Estados Unidos. Por supuesto, espero que algunos de estos platos te inspiren a visitar tu mercado latino local, pero si no tienes uno, o no tienes el tiempo, te proporciono productos de sustitución adecuados para casi todos los ingredientes especializados, que te darán los mismos resultados auténticos, pero sobre todo, deliciosos. Incluso, he añadido un "∗" para indicar las recetas que son bajas en grasa y un "○" para indicar aquellas que pueden prepararse en cerca de 30 minutos. Seamos realistas: te estás quedando sin excusas para no cocinar estas comidas.

∗   ∗   ∗

Pero primero déjame contarte cómo comenzó esto para mí. Mi pasión por la comida y el recibir invitados se encendió durante uno de mis primeros empleos en el mundo culinario. Yo era instructor asistente en la escuela de cocina de mi tía Marcela Rodríguez, una de las primeras escuelas culinarias en Tijuana. Con la esperanza de entrar en una cocina profesional, empaqué mi Mustang '98 y encontré un trabajo en Los Ángeles como anfitriona en un restaurante de moda. No se me permitía estar cerca de ninguna estufa. Por esa razón, además del hecho de que las mujeres jóvenes no dejan Tijuana a menos de que estén en la escuela o casadas —al menos no en mi familia— opté por inscribirme en el Instituto Culinario de Los Ángeles, para tranquilidad de mis padres.

Después de graduarme, aterricé por casualidad en la revista *Bon Appétit*. Mucho de lo que sé, lo aprendí allí. Me volví una cocinera mucho más disciplinada, así como una estudiante de innumerables cocinas e ingredientes. Empecé a apreciar el compartir deliciosa comida con la gente. Cuando *Bon Appétit* dedicó un ejemplar completo a México, pasé semanas probando auténticas recetas mexicanas. La actual directora editorial, Barbara Fairchild, junto con los otros editores, describieron la comida como exquisita. Quedé enganchada. Abrirle los ojos a la gente a los manjares de México era

BUÑUELOS

mi misión. Pero entonces no estaba lista para correr la voz. Como cocinera profesional, sabía que debía aprender repostería.

Nunca me ha gustado hornear. No se me antoja lo dulce y el chocolate no es lo mío (¿escucho un respiro entrecortado colectivo?). Así, dejé *Bon Appétit* para especializarme en repostería francesa clásica en la escuela Ritz-Escoffier en París. Hice hojaldre todos los días por tres meses. Déjame decirte que ahora compro el mío congelado, pero si me ponen a prueba, puedo hacer la pasta más hojaldrada que hayas probado en tu vida.

Mis experiencias en París y Tijuana me enseñaron que me encanta aprender y enseñar. Tenía experiencia haciendo segmentos de cocina en la televisión local de Tijuana, así que regresé a casa con la esperanza de fundar mi propia escuela de cocina. Convertí mi comedor en un salón de clases de cocina, fui la editora de cocina para un periódico de Tijuana y aparecí regularmente en un programa de noticias matutino.

Solo Martha Stewart pudo bajarme el ritmo. Fui elegida como parte de *The Apprentice: Martha Stewart,* lo que me llevó a mi propio programa de cocina, *Relatos con sabor,* en Discovery en español. Mi programa lleva a los televidentes dentro de las casas de latinos que mantienen vivas sus tradiciones a través de la cocina a pesar de vivir en otro país. Y ahora, aquí estoy, agradecida de tener la oportunidad de proponer un nuevo modo de cocinar y servir la comida mexicana.

Mientras mi hijo Fausto, de tres años, duerme y sueña a mi lado esta tarde, yo tengo un sueño propio:

Es una tarde alegre y has invitado a varios amigos a tu casa a una cena mexicana. Pusiste una mesa hermosa con platos de talavera y dalias rojo oscuro en un florero de cobre gigante. El menú es el siguiente:

Sopa fría de aguacate con callo de hacha
Costillar de cordero con corteza de chile ancho
Puré de batata y salvia
Repollo asado con orégano y queso Oaxaca
Helado de albaricoque y tequila con Palanqueta de piñones y granada

La cena es todo un éxito. Has cocinado comida como nunca lo habías hecho —rápida, fácil y sabrosa. Todo el mundo te felicita.

APERITIVOS

OTRO TIPO DE BURRITO

Todos conocemos y amamos el burrito que ofrece nuestro restaurante Tex-Mex favorito en Estados Unidos. Ya sabes a cuál me refiero: la enorme tortilla de harina repleta de arroz, frijoles, pollo asado, guacamole, crema agria, queso rallado y salsa. Pero yo crecí con otro tipo de burrito, una versión más delgada (y saludable), lleno de carne deshebrada y acompañado de jalapeños en escabeche o Chiles toreados (pág. 179) —un plato sencillo que aparecía muy frecuentemente en la mesa para calmar nuestro apetito antes de que llegara el plato principal.

En mi último viaje a la Ciudad de México a visitar a mi hermano-diputado-federal Antonio, fuimos a MP Café & Bistro, un maravilloso restaurante en su barrio de Polanco. Iba de viaje con mi mamá y las dos habíamos escuchado cosas maravillosas de la chef/dueña Mónica Patiño y su burrito de pato de aperitivo, así que lo ordenamos. Los rumores eran ciertos. Los burritos de pato, servidos con salsa de tomatillo, eran absolutamente deliciosos. La presentación era magnífica; un timbal de carne de pato deshebrada, un pequeño plato con la salsa de tomatillo y cuatro tortillitas de harina servidas en una mini vaporera de bambú. Mi mamá estaba encantada.

Fuimos a cenar a ese lugar todas las noches que estuvimos en la Ciudad de México. No sólo estábamos enganchadas a los burritos de pato, estábamos enamoradas de la habilidad del restaurante de proporcionar nuestras combinaciones favoritas de sabores e ingredientes, presentados de una forma que competía con los mejores restaurantes del mundo, en un ambiente elegante pero cómodo. Considera que me tomé un martini de frambuesa con mis burritos en vez de una Corona. En resumen, ¡nos gustaba arreglarnos para el burrito! Eso es lo que te estoy ofreciendo aquí.

No necesitas ponerte zapatos altos o una corbata para preparar o servir el Atún claro Baja-Mediterráneo (pág. 23), pero claro que puedes considerar cualquiera de estos aperitivos para una velada especial con tus amigos. Son fáciles de preparar y ofrecen un giro a los platos que tus invitados conocen y aman. Tan queridos como son nuestros puestos de tacos y lo serán por siempre, es agradable tener una alternativa más sofisticada para la auténtica comida mexicana.

Las recetas en este capítulo (y en el libro completo, como puedes ver) son en gran parte como los burritos de pato que descubrimos en la capital (y como yo, para el caso): pequeñas y encantadoras, con un giro moderno pero tradicionalistas de corazón; llenas de sabor y color mexicano y perfectamente compatibles con el menú más sofisticado.

LOS BURRITOS DE PATO

BROCHETAS DE CAMARÓN EN ROMERO MARINADAS EN CHIPOTLE

15 ramitas de romero fresco

¼ tz. de aceite de oliva

1½ cdas. de jugo fresco de limón

2 dientes de ajo, finamente picados

3 cdas. de cilantro fresco picado

2 cdtas. de chile chipotle molido

Sal y pimienta negra recién molida

1 lb. de camarones medianos crudos, pelados pero con las colas intactas y desvenados

Rebanadas de limón, para servir

El romero fresco crece desenfrenado en mi patio trasero, lo cual es solo una parte de la razón por la que estas brochetas encabezan mi lista de aperitivos favoritos. El romero agrega un saborcito ahumado y una decorativa floritura a una simple entrada de camarones. Revisa las zonas de rusticidad de la USDA para ver qué plantas crecen con fuerza en tu área. Las hierbas frescas hacen una enorme diferencia en cualquier plato, y ahorrarás dinero si las cultivas en tu casa en vez de comprarlas. El romero mediterráneo va de maravilla con el chipotle ahumado y el cilantro fresco.

Retira las hojas de la mitad de la longitud de cada ramita de romero y deja aparte las ramitas. Pica suficientes hojas para tener 1½ cucharaditas (aparta las hojas que sobren para otro uso).

Mezcla el aceite de oliva, el jugo de limón, el ajo, el cilantro, el chipotle molido y el romero picado en un recipiente mediano. Sazona el marinado con sal y pimienta negra a gusto. Agrega el camarón y mezcla hasta que quede cubierto. Déjalo reposar por 5 minutos. Después ensarta 2 camarones en cada ramita de romero.

Calienta una sartén (o un comal) sobre fuego alto. Agrega las brochetas y cocina por 1 minuto por cada lado, o hasta que los camarones estén bien cocidos. Pasa las brochetas a una fuente, decórala con las rebanadas de limón y sirve inmediatamente.

MARINADO USA EL MISMO MARINADO EN PECHUGAS DE POLLO Y EN POLLOS ENTEROS PARA ASAR. TAMBIÉN ES ESTUPENDO EN CUALQUIER FILETE DE PESCADO BLANCO; SOLO AGREGA UN PAR DE CUCHARADAS DE MANTEQUILLA A LOS ASIENTOS DE LA SARTÉN DESPUES DE COCINAR Y RETIRAR EL PESCADO. SALPICA LA SALSA SOBRE EL PESCADO ¡Y SIRVE!

CEVICHE DE TILAPIA

2 lbs. de tilapia grado sushi, finamente cortada en cubitos (ver Consejos, pág. 23)

15 limones: 14 en mitades, 1 cortado en rebanadas

½ tz. de tomate picado, sin semilla

½ tz. de pepino picado, sin semilla

⅓ tz. de cebolla, finamente picada

¼ tz. de cilantro fresco, picado

Sal y pimienta negra recién molida

½ tz. de jugo de tomate y almeja (tipo Clamato; opcional)

1 cda. de salsa picante embotellada (tipo Huichol; opcional)

Tostadas asadas (ver Consejos, pág. 23)

Mayonesa para untar

1 aguacate, deshuesado, partido a la mitad, pelado y en rebanadas delgadas

Fui a la inauguración de un restaurante en Los Ángeles donde sirvieron un trío de ceviches preparados con mariscos sancochados. ¡No! El ceviche siempre debe prepararse con mariscos ultra frescos o pescado de "grado sushi". En esta receta uso tilapia, pero si quieres, sustitúyela con lo que tu pescadero local recomiende ese día. El marinado cítrico "cuece" el pescado sin calor. El ceviche tradicional se deja marinar hasta por 3 horas, pero en esta receta tendrás ceviche fresco y delicioso en 15 minutos. Como decía mi abuelo, "No te preocupes, el limón mata todo".

Para un ceviche más tradicional, elimina el jugo de tomate y almeja y la salsa picante, que agregan un toque ácido y picante.

Coloca la tilapia en un recipiente mediano. Exprime el jugo de las mitades de limón sobre el pescado y mezcla con cuidado para combinar. Enfría en el refrigerador hasta que el pescado esté completamente blanco, aproximadamente 15 minutos.

Escurre el jugo de limón, exprimiendo ligeramente el pescado con tus manos. Desecha el jugo de limón. Mezcla el tomate, el pepino, la cebolla y el cilantro con el pescado. Sazona con sal y pimienta a gusto. Agrega el jugo de tomate y almeja y la salsa picante, si lo deseas.

Unta las tostadas con bastante mayonesa. Corónalas con el ceviche. Acomoda las rebanadas de aguacate encima del ceviche y sirve inmediatamente, con las rebanadas de limón a un lado.

ATÚN CLARO BAJA-MEDITERRÁNEO

1 cda. de aceite de oliva

3 cdas. de salsa de soja

2 cdas. de jugo fresco de limón

1 cda. de jugo fresco de naranja

1½ lbs. de atún claro, grado sushi, cortado en cubos (ver Consejos)

¼ tz. de pepino pelado, sin semilla y cortado en cubos

2 cdas. de alcaparras, escurridas

2 cdas. de semillas de ajonjolí, tostadas (ver Consejos)

¼ tz. de aceitunas kalamata deshuesadas y rebanadas

Sal y pimienta negra recién molida

Cilantro fresco para servir (opcional)

Tostadas asadas (ver Consejos) para servir

Este es un plato sencillo y refrescante que representa perfectamente la moda actual en la cocina Baja-Mediterránea: la fusión de ingredientes y técnicas de cocina locales con ingredientes europeos (en su mayoría mediterráneos), con la aparición esporádica de un ingrediente asiático en la mezcla. Variaciones de este plato aparecen en restaurantes alrededor de todo México, algunos agregando aderezo picante de aguacate o jugo fresco de naranja a la mezcla. A mí me gusta mantenerlo sencillo para permitir que brille el sabor fresco de los ingredientes.

Mezcla el aceite de oliva, la salsa de soja, el jugo de limón y el jugo de naranja en un recipiente pequeño. Deja a un lado la vinagreta.

Mezcla cuidadosamente el atún, el pepino, las alcaparras, el ajonjolí tostado y las aceitunas en un recipiente grande. Agrega la vinagreta y mezcla con cuidado para combinar. Sazona con sal y pimienta recién molida a gusto.

Divide el ceviche en tazones enfriados, y sirve con las tostadas asadas.

CONSEJOS LOS MARISCOS SON MUCHO MÁS FÁCILES DE CORTAR EN CUBOS CUANDO ESTÁN PARCIALMENTE CONGELADOS; ESTO TAMBIÉN DA LUGAR A UNA PRESENTACIÓN MÁS LIMPIA. ASEGÚRATE DE USAR UN CUCHILLO MUY FILOSO.

EN LO QUE CONCIERNE A LAS TOSTADAS ASADAS, SOLO ECHA UN PAR DE TORTILLAS DE MAÍZ EN UN ASADOR EXTERNO, O EN UNA SARTÉN, Y DÉJALAS TOSTAR A FUEGO MEDIO HASTA QUE ESTÉN LISTAS Y CRUJIENTES. PÁRTELAS EN PIEZAS GRANDES PARA SERVIR CON EL CEVICHE.

PARA TOSTAR LAS SEMILLAS DE AJONJOLÍ, COLÓCALAS EN UNA SARTÉN PEQUEÑA A FUEGO MEDIO-BAJO Y COCINA, REVOLVIENDO FRECUENTEMENTE, HASTA QUE ESTÉN TOSTADAS Y FRAGANTES, ALREDEDOR DE 3 MINUTOS.

HUEVOS RELLENOS DE CHILE ANCHO, CREMA AGRIA Y CILANTRO

10 huevos duros grandes, pelados y partidos a lo largo por la mitad (ver la siguiente página)

1 chile ancho, sin tallo ni semillas

⅓ tz. de crema agria

3 cdas. de mayonesa (o Mayonesa de chipotle casera, pág. 187)

2 cdas. de cilantro fresco picado

1 cdta. de mostaza Dijon

1 cdta. de jugo fresco de limón

½ cdta. de sal

½ cdta. de pimienta negra recién molida

Los huevos rellenos podrán no ser la primera cosa en la que piensas cuando planeas un menú de aperitivos. Pero cuando los espolvoreas con chile ancho ahumado y cilantro brillante, estos bocados retro son siempre el plato más comentado en cualquier reunión en mi casa. Yo uso un molinillo de especias para pulverizar el chile seco, pero puedes encontrar chile ancho molido ya listo en muchos supermercados y en mercados latinos; necesitarás 1 cucharadita.

Con una cuchara, saca con cuidado las yemas de las mitades de huevo, depositándolas en un recipiente grande. Acomoda las mitades de huevo vacías en una fuente grande.

Rompe el chile en pedazos pequeños y colócalos en un molinillo de especias. Muélelo hasta hacerlo polvo. Agrega 1 cucharadita de este chile molido a las yemas de huevo. Agrega la crema agria, la mayonesa, el cilantro, la mostaza, el jugo de limón, la sal y la pimienta, y machácalos con un tenedor hasta que tengan una consistencia suave.

Con una cuchara agrega el relleno a las mitades de huevo, haciendo un montecito. (Los huevos rellenos pueden prepararse con 2 horas de anticipación. Cubre y refrigera.) Sirve con 1 cucharadita del polvo de chile restante cernido sobre los huevos, si lo deseas.

HUEVOS DUROS

¿Cómo cocinar el huevo duro perfecto? Empieza con huevos de una semana porque los huevos frescos son más difíciles de pelar. Coloca los huevos (tantos como quieras) en una olla y agrega suficiente agua fría para cubrirlos por 1 pulgada. Llévalos a hervir a fuego medio-alto. Cuando el agua hierva, cocínalos por 8 minutos exactamente. Retira la olla del calor y deja que los huevos se enfríen en el agua. Una vez que estén fríos, pélalos bajo un chorro de agua fría.

CROQUETAS PICANTES DE CANGREJO CORONADAS CON GUACAMOLE

Aceite en aerosol

1 lb. de carne de cangrejo en trozos, asegurándote de quitar cualquier concha y cartílago

2 cdas. de mayonesa (o Mayonesa de chipotle casera, ver pág. 187)

¼ tz. de cebollín picado (solamente las partes blancas y verde pálido)

1 cda. más 1 cdta. de jugo fresco de limón

½ tz. más 2 cdas. de cilantro fresco picado

½ cdta. de salsa picante de chile habanero

Sal y pimienta negra recién molida

1 tz. de migas de pan panko (migas de pan japonés)

2 aguacates firmes pero maduros, en mitades, deshuesados y pelados

2 cdas. de cebolla finamente picada

Las croquetas de cangrejo adquieren un toque festivo cuando las cubres con migas crujientes de panko mezcladas con cilantro y las coronas con un guacamole sencillo. Este es el guacamole que se preparaba regularmente en mi casa durante mi infancia. No me gustan los guacamoles recargados que esconden el sabor fresco de un aguacate perfectamente maduro. Esta mezcla de croquetas de cangrejo es sin huevo y horneada en vez de freída, dando lugar a un plato más ligero con mayor sabor a cangrejo.

Precalienta el horno a 400°F.

Rocía una bandeja para horno con el aceite en aerosol.

Mezcla la carne de cangrejo, la mayonesa, el cebollín, 1 cucharada del jugo de limón, ¼ de taza del cilantro y la salsa picante en un recipiente pequeño. Sazona con sal y pimienta al gusto.

Mezcla las migas de panko y ¼ de taza del cilantro restante en un plato. Divide la mezcla de cangrejo en 8 montoncitos iguales. Convierte 1 montoncito en una tortita de ¾ de pulgada de grosor y luego, con cuidado, dale vuelta a la tortita en la mezcla de migas para cubrirla por ambos lados. Pásala a la bandeja preparada. Repite con los 7 montecitos restantes. Hornea las croquetas de cangrejo por 10 minutos, o hasta que estén completamente calientes.

Mientras, machaca los aguacates en pedazos gruesos en un recipiente mediano. Con cuidado, agrega la cebolla, las 2 cucharadas de cilantro restantes y la cucharadita de jugo de limón restante. Sazona el guacamole generosamente con sal y pimienta.

Transfiere las croquetas de cangrejo a una fuente; corona cada una con una cucharada de guacamole y sirve.

QUESADILLAS DE PEZ AGUJA AHUMADO

1 cda. de aceite de oliva

1 lb. de pez aguja ahumado, deshebrado

1 pimiento verde, sin tallo, sin semillas y cortado en cubos

1 cebolla blanca pequeña, finamente picada

2 tomates, picados

1 tz. de puré de tomate enlatado

1 cdta. de orégano seco

1 hoja de laurel

Pimentón dulce, a gusto

Sal y pimienta negra recién molida

10 tortillas de maíz de 6 pulgadas

1½ tz. de queso Oaxaca o mozzarella rallado

Rebanadas de limón, para servir

Salsa picante embotellada, para servir

Esta es mi versión del famoso taco gobernador de Baja, que es una quesadilla rellena de camarones. El pez aguja agrega un sabor ahumado característico que hace de ésta un tipo de quesadilla muy especial. Si debes sustituir, puedes usar atún enlatado —sólo asegúrate de que esté bien escurrido y cocina el relleno por 4 minutos adicionales para permitir que la humedad del atún se evapore.

Calienta el aceite de oliva en una cacerola gruesa y grande a fuego medio-alto. Agrega el pez aguja, el pimiento, la cebolla, los tomates, el puré de tomate, el orégano y el laurel. Cocina para mezclar los sabores, aproximadamente 8 minutos. Sazona con pimentón dulce, sal y pimienta a gusto. Retira del fuego.

Calienta una sartén gruesa y grande, a fuego medio-alto. Agrega 2 tortillas de maíz y calienta lado a lado. Coloca un montoncito de queso en uno de los lados de cada tortilla. Espera hasta que el queso se derrita un poco, aproximadamente 1 minuto, y agrega entonces aproximadamente 2 cucharadas de la mezcla del pez aguja a cada tortilla. Dobla las tortillas por la mitad y cocina para derretir el queso por completo, otro minuto o dos. Pasa las quesadillas a una fuente y mantenlas calientes.

Repite con las tortillas, queso y mezcla de pez aguja restantes. Sirve con las rebanadas de limón y la salsa picante al lado.

SALSA MAGGI

La salsa para sazonar Maggi es básica en la cocina mexicana. Hay gente en México que jura que nosotros inventamos el mejunje, pero todo el crédito se le debe a los suizos. La compañía Maggi se volvió enormemente popular a principios de 1900 por producir los cubos de caldo. El objetivo de la salsa para sazonar Maggi, o salsa Maggi, en un principio, era fungir como sustituto barato del extracto de carne, pero ahora es básica como sazonadora en toda Latinoamérica, algunas partes de Europa y Asia. Úsala con moderación, ya que está llena de sabor. Es parecida a la salsa de soja pero no contiene soja. Me gusta usarla para darle sabor al ceviche, ensaladas de pollo y sopas, o derramar un poco sobre mis huevos revueltos. Puedes encontrarla en algunos supermercados y en la mayoría de los mercados latinos.

OSTIONES EN MEDIA CONCHA AL ESTILO PEDRO

12 ostiones (*oysters*) frescos, despegados y sentados en la concha inferior

¾ tz. de cebolla blanca finamente picada

½ tz. de cilantro fresco picado

¼ tz. de jugo fresco de limón

3 cdas. de jugo de tomate y almeja (tipo Clamato; opcional)

4 cdtas. de salsa Maggi (ver página opuesta)

2 cdas. de salsa inglesa

1 cdta. de chile serrano sin semilla, finamente picado

1 cdta. de salsa picante embotellada (tipo Huichol)

Sal

Por muchos años un cocinero profesional, que se especializaba en platos de mariscos, preparó las comidas en casa de mis padres. Pedro Rocha iba a la pescadería con mi papá, traía lo que se había pescado ese día, y lo convertía en una comida increíble para la familia o para los amigos de mi padre (que venían frecuentemente sólo por la comida). Muchos de mis platos de mariscos están inspirados en, o derivan de, los que Pedro me enseñó a preparar. Este es uno de ellos, y siempre es un favorito con mis amigos. En cuanto descubramos cómo conseguirle un pasaporte a Pedro, ¡vamos a abrir un restaurante de mariscos en Estados Unidos!

Acomoda los ostiones, preferentemente sobre hielo picado, en una fuente.

Mezcla la cebolla, el cilantro, el jugo de limón, el jugo de tomate y almeja (si lo vas a usar), la salsa Maggi, la salsa inglesa, el chile serrano y la salsa picante en un recipiente mediano. Sazona con un poco de sal a gusto. Agrega aproximadamente 1 cucharada de la salsa sobre cada ostión y sirve inmediatamente.

ROLLO DE SUSHI A LA TIJUANA

¾ tz. de leche entera

2 huevos grandes

1 yema de huevo grande

2 tz. de espinaca fresca (sin compactar)

1 tz. de cilantro fresco (sin compactar)

½ tz. de harina común

3 cdas. de mantequilla sin sal, derretida

1 chile serrano, sin tallo y sin semillas

Sal

2 mangos, pelados y deshuesados

2 cdas. de mayonesa

1 cda. de azúcar

1 cdta. de salsa de soja

½ cdta. de mostaza en polvo

¼ cdta. de pasta *wasabi*

Pimienta negra recién molida

Aceite en aerosol

8 oz. de carne de cangrejo en trozos, asegurándote de retirar cualquier concha o cartílago

1 cdta. de salsa picante de chile (tipo sriracha)

1 cdta. de caviar *masago*

Tuve que incluir sushi de Baja porque creo que la fusión de técnicas asiáticas e ingredientes mexicanos ¡es fenomenal! Esta receta, que usa una crepa de espinaca como envoltura en vez de nori (alga marina), viene de mi amigo Andrés Brambila, dueño de Negai, un maravilloso restaurante de sushi en Tijuana.

Mezcla la leche, los huevos y la yema de huevo en una licuadora y licua para combinar. Agrega la espinaca, el cilantro, la harina, la mantequilla, el chile serrano y ½ cucharadita de sal, y mezcla hasta que quede muy suave. Transfiere la masa de crepa a un recipiente mediano y déjala reposar por 30 minutos.

En una licuadora limpia, mezcla los mangos con la mayonesa, el azúcar, la salsa de soja, la mostaza en polvo y la pasta *wasabi* hasta que quede una consistencia suave. Sazona la salsa de mango con sal y pimienta negra a gusto.

Calienta una sartén para crepas, o una sartén de teflón que mida de 6 a 7 pulgadas a lo largo en la parte inferior, a fuego moderado hasta que esté caliente. Rocía la sartén ligeramente con el aceite en aerosol y caliéntala hasta que esté caliente pero no humeante. Agrega apenas ¼ de taza de la masa de crepa a la sartén. Inmediatamente inclina y rota la sartén rápidamente para cubrir la parte inferior con una capa de masa. Cocina la crepa por 1 minuto, o hasta que la parte superior se vea casi seca. Separa las orillas de la crepa con una espátula, voltéala y cocina el otro lado ligeramente. Pasa la crepa a un plato. Haz más crepas con la masa restante de la misma manera, rociando ligeramente la sartén con

RECETA CONTINÚA

8 camarones medianos cocidos, pelados y partidos a la mitad a lo largo

1 aguacate, partido a la mitad, deshuesado, pelado y en rebanadas delgadas

el aceite en aerosol como sea necesario y apilándolas una arriba de la otra en un plato (las crepas pueden prepararse con 3 días de anticipación, envueltas en envoltura de plástico y refrigeradas).

Mezcla la carne de cangrejo, salsa picante de chile y *masago* en un recipiente pequeño.

Coloca una crepa en una superficie de trabajo y agrega de 2 a 3 cucharadas de la mezcla de cangrejo en el centro de la crepa. Corona con 2 mitades de camarón y 2 ó 3 rebanadas de aguacate. Enrolla la crepa como un cilindro. Córtala en 4 piezas iguales, como lo harías con un rollo de sushi. Unta 1 cucharada de la salsa de mango en un plato. Coloca el rollo partido encima de la salsa. Repite con las crepas, relleno y salsa restantes.

ACEITUNAS RELLENAS DE JALAPEÑO Y QUESO

1 frasco de 21 oz. de aceitunas rellenas de jalapeño

2 oz. de queso Monterrey Jack cortado en tiras delgadas

1 tz. de pan molido fresco

2 huevos grandes

½ tz. de harina común

Aceite de oliva para freír

Visitaba a mi padre una tarde cuando llegaron invitados inesperados a ver un partido de fútbol. Volteó a verme y me dijo: "Rápido ¡prepárame unos aperitivos chef!" No había *nada* en el refrigerador remotamente emocionante y la despensa tampoco daba esperanzas, hasta que encontré un frasco de aceitunas rellenas de jalapeño. Rellenas de queso, empanizadas y fritas, estos aperitivos desaparecieron antes de que le dieran un segundo vistazo a cualquiera de las otras cosas que preparé. Son excelentes acompañadas de una cerveza bien fría y con salsa tártara comprada para mojar.

Escurre las aceitunas y enjuágalas bajo el chorro de agua fría. Cuidadosamente introduce una tira de queso al lado del jalapeño en cada aceituna.

Coloca el pan molido en un recipiente mediano. En otro recipiente mediano, bate los huevos.

Coloca la mitad de la harina en un cedazo de malla fina, agrega la mitad de las aceitunas y agítalas para cubrir. Pasa las aceitunas al recipiente con los huevos batidos y revuelve ligeramente para cubrir las aceitunas totalmente con el huevo. Pasa las aceitunas al recipiente del pan molido y revuelve para cubrir completamente. Pasa las aceitunas empanizadas a un plato. Repite con la harina, las aceitunas, el huevo y el pan molido restante. (Las aceitunas pueden empanizarse con 1 día de anticipación. Cubre y refrigera.)

Coloca una cacerola mediana sobre fuego medio-alto y agrega suficiente aceite de oliva hasta que alcance la mitad de altura de los lados. Calienta el aceite a 350°F. Trabajando en dos tandas, fríe las aceitunas empanizadas por 2 minutos o hasta que estén doradas. Colócalas sobre toallas de papel, para que se escurran. Sírvelas de inmediato.

CHILES POBLANOS

Los chiles poblanos son los chiles más populares de México, con una temporada alta desde verano hasta principios de otoño. Dependiendo de la cosecha, pueden variar de suaves a muy picantes. Los chiles poblanos ya se pueden encontrar en la sección de verduras en la mayoría de los super-mercados, así como en mercados mexicanos. En su forma seca, se conocen como chiles anchos o mulatos; éstos pueden encontrarse enteros o molidos en polvo y se usan para dar sabor a salsas.

Para chamuscar los chiles poblanos (o cualquier otro chile fresco), simplemente coloca los chiles sobre una llama de gas o debajo de la parrilla y ásalos hasta que estén negros por todos lados. Colócalos dentro de una bolsa de plástico y déjalos reposar por 10 minutos (esto va a cocer al vapor los chiles y serán más fáciles de pelar). Pela y quita las semillas de los chiles. Una vez pelados, los chiles pueden ser picados, rebana-dos o rellenos.

CREPAS DE CUITLACOCHE CON CREMA DE CHILE POBLANO

4 cdas. (½ barra) de mantequilla sin sal, más otro poco para el molde

2 tz. de cebolla picada

1 diente de ajo finamente picado

1 a 2 chiles serranos (a gusto), sin semillas y finamente picado

2 latas de 7,5 oz. de cuitlacoche (o 2 tz. de hongos silvestres salteados)

Sal y pimienta negra recién molida

4 chiles poblanos chamuscados (ver pág. 35), sin tallo, sin semillas y en rebanadas delgadas

1 tz. de crema espesa

8 a 10 crepas sabrosas (ver pág. 39)

½ tz. de queso Manchego rallado

El cuitlacoche es un hongo que hace que los granos de maíz crezcan diez veces más de su tamaño normal, volviéndolos de un color negro. Su sabor ahumado dulce es una mezcla entre maíz y hongos. Yo crecí comiendo quesadillas y flor de calabaza rellenas de cuitlacoche. Es una adición natural y deliciosa para todo, desde quesadillas hasta empanadas. Si no puedes encontrar cuitlacoche enlatado en tu mercado local latino, sustitúyelo por hongos silvestres salteados para un resultado igualmente delicioso.

Derrite 2 cucharadas de mantequilla en una cacerola gruesa y grande a fuego medio-bajo. Agrega 1 taza de cebolla, el ajo y el chile serrano. Saltea por 5 minutos, o hasta que la cebolla esté translúcida. Añade el cuitlacoche y revuelve durante 5 minutos para mezclar los sabores. Sazona con sal y pimienta. Deja el relleno a un lado para que enfríe.

Para preparar la salsa, derrite el resto de las 2 cucharadas de mantequilla en una cacerola gruesa mediana a fuego medio. Añade la taza de cebolla restante y saltea hasta que esté translúcida, aproximadamente 5 minutos. Agrega el chile poblano y saltea por 30 segundos. Agrega la crema y cocina hasta que hierva. Reduce el fuego y cocina a fuego lento por 8 minutos, o hasta que se espese ligeramente. Vierte la salsa en una licuadora y bate hasta que quede suave como puré. Sazona con sal y pimienta.

RECETA CONTINÚA

Precalienta el asador. Engrasa un molde de vidrio para horno de 9 x 13 pulgadas con mantequilla. Coloca 1 crepa sobre una tabla para cortar. Agrega con una cuchara ¼ de taza del relleno en el centro de la crepa. Enróllala como un burrito, encerrando el relleno y colócala en el molde para horno preparado. Repite con las crepas y relleno restantes, acomodándolas en el molde. Vierte la salsa sobre las crepas. Espolvoréales el queso. Hornea hasta que el queso comience a dorarse en puntos, aproximadamente 10 minutos. Sirve.

crepas sabrosas

2 huevos grandes

2 yemas de huevo grandes

⅔ tz. de leche entera

1 cda. más 1 cdta. de mantequilla sin sal, derretida

2 cdtas. de azúcar

¼ cdta. de sal

⅔ tz. de harina común

Aceite en aerosol

Mezcla los huevos, las yemas de huevo, la leche, 2½ cucharadas de agua, la mantequilla, el azúcar y la sal en una licuadora por 5 segundos. Incorpora la harina en tres partes, mezclando la masa hasta que esté suave después de cada adición. Cubre y deja reposar en el vaso de la licuadora dentro del refrigerador de 1 a 2 horas. Mezcla la masa de nuevo por 5 segundos antes de usar.

Calienta una sartén de teflón de 7 a 8 pulgadas de diámetro inferior a fuego medio-alto; rocía con el aceite en aerosol. Vierte apenas ¼ de taza de la masa a la sartén y gírala para cubrir uniformemente la parte inferior con la masa. Cocina hasta que la parte inferior de la crepa esté dorada, aproximadamente 30 segundos. Separa las orillas cuidadosamente con una espátula y voltea la crepa. Cocina hasta que el lado de abajo esté ligeramente tostado en partes, de 30 a 60 segundos. Pasa la crepa a un plato. Repite, utilizando el resto de la masa y apilando las crepas una encima de la otra. (Las crepas pueden prepararse con 2 días de anticipación. Envuélvelas bien en envoltura de plástico y refrigera.)

ROLLOS DE AGUACATE CON SALSA DE CHILE CALIFORNIA Y CIRUELA

3 aguacates, partidos a la mitad, deshuesados, pelados y en cubos

1 pimiento rojo, sin tallo, sin semillas y finamente picado

1 cda. de aceite de oliva

Sal y pimienta negra recién molida

12 hojas de *wonton* cuadradas de 7 pulgadas

Salsa de chile California y ciruela (ver pág. 41)

1 huevo grande, ligeramente batido

Aceite vegetal, para freír

Para crear estos rollos vegetarianos, uso hojas de *wonton*, las cuales puedes encontrar en la sección de comidas congeladas en un supermercado bien surtido. Puedes comprar la salsa de ciruela en lugar de usar la salsa de chile California y ciruela; sólo mezcla un poco de chile California molido en la salsa de ciruela. Ya sea comprada o hecha en casa, la salsa de ciruela picante es el contrapunto perfecto para los aguacates frescos.

Mezcla con suavidad los aguacates, el pimiento y el aceite de oliva en un recipiente mediano. Sazona la mezcla de aguacate con sal y pimienta.

Coloca 1 hoja de *wonton* en una superficie de trabajo. Unta 1 cucharada de la salsa de chile y ciruela en el centro. Con una cuchara agrega apenas ¼ de taza de la mezcla de aguacate sobre la salsa. Dobla la parte inferior de la hoja de *wonton* sobre el relleno, luego dobla los lados de la envoltura hacia adentro sobre el relleno. Barniza el borde superior de la hoja con un poco del huevo batido. Enróllala ajustadamente, presionando para sellar la orilla. Repite con las hojas de *wonton*, la mezcla de aguacate y la salsa de chile y ciruela restantes. (Los rollos pueden ser preparados con 2 horas de anticipación. Cubre y refrigera.)

Coloca una cacerola gruesa mediana sobre fuego medio-alto, y agrega suficiente aceite hasta alcanzar la mitad de los lados de la cacerola. Calienta el aceite a 350°F. Trabajando en tandas, fríe los rollos en el aceite caliente, volteándolos de vez en cuando, por 2 minutos, o hasta que estén dorados. Pasa los rollos a toallas de papel, para que se escurran. Sírvelos calientes o tibios.

salsa de chile california y ciruela

¾ **tz. de miel**

½ **tz. de ciruelas secas picadas y deshuesadas**

½ **tz. de jugo fresco de naranja**

¼ **tz. de jugo fresco de limón**

4 chiles California, sin tallo, sin semillas y cortados en trozos

Sal y pimienta negra recién molida

Mezcla la miel, las ciruelas, la mitad del jugo de naranja, la mitad del jugo de limón y los chiles en una cacerola gruesa chica. Cocínalos hasta que hiervan sobre fuego medio-alto. Reduce el fuego y cocínalos por 15 minutos, o hasta que los chiles estén suaves. Deja que la salsa enfríe ligeramente.

Pasa la salsa a una licuadora y haz puré hasta que esté suave. Agrega los jugos de naranja y limón restantes. Sazona a gusto con sal y pimienta. (La salsa puede prepararse con 2 días de anticipación. Enfría, cubre y mantenla refrigerada.)

MOUSSE DE AGUACATE

4 aguacates maduros pero firmes, en mitades, deshuesados y pelados

2 cdas. de jugo fresco de limón

1½ cdtas. de sal

¼ tz. de leche entera

1½ cdtas. de gelatina sin sabor

¼ tz. de cebollín picado en cubos (únicamente las partes blancas y verde pálido)

2 cdtas. de jalapeños, sin semillas, finamente picados

½ tz. de crema espesa

Crostini de ajo y orégano (ver pág. 44)

Hay distintas variedades de aguacates, cada una con un sabor un poco diferente. Para esta receta, yo uso el Hass, el más común en venta en los supermercados de Estados Unidos. Elige aguacates maduros (ligeramente firmes pero que cedan a presión delicada) y asegúrate de quitar cualquier parte color café antes de empezar.

Si no tienes tiempo de preparar el *crostini* de ajo y orégano, esta lujosa crema para untar es fabulosa sobre cualquier galleta rica.

Cubre un molde para pan de 8½ x 4½ pulgadas con envoltura de plástico.

Mezcla 3 aguacates, el jugo de limón y 1 cucharadita de la sal en un procesador de alimentos. Hazlo puré hasta que esté suave.

Vierte la leche en una cacerola pequeña y espolvorea la gelatina encima. Enciende el fuego en bajo y revuelve por 2 minutos para disolver la gelatina. Agrega esto a la mezcla de aguacate en el procesador y procésalo para que se incorporen. Pasa la mezcla de aguacate a un recipiente mediano.

Corta en cubos lo suficiente del aguacate restante hasta hacer ½ taza. Mezcla delicadamente el aguacate en cubos, el cebollín, el jalapeño y la ½ cucharadita de sal restante en un recipiente pequeño. Incorpora esto a la mezcla de aguacate.

Utilizando una batidora eléctrica, bate la crema hasta que se formen picos rígidos. Incorpora con cuidado la crema batida a la mezcla de aguacate. Pasa la *mousse* al molde preparado. Cúbrelo con plástico y refrigéralo por mínimo 2 horas, hasta que esté firme o hasta por 1 día.

Para servir, voltea la *mousse* en una fuente y con cuidado quítale el plástico. De ser necesario, suaviza la parte superior de la *mousse* con una espátula. Sirve con *crostini* de ajo y orégano.

crostini de ajo y orégano

¾ tz. de aceite de oliva

1 cda. de orégano seco desmoronado

1 diente grande de ajo finamente picado

½ cdta. de chile chipotle molido

½ cdta. de sal

½ cdta. de pimienta negra recién molida

20 rebanadas de pan *baguette* de ⅓ de pulgada de grosor

Esta mezcla de dos sabores clásicos, combinada con una pizca de chipotle, es un plato fácil, rápido y favorito para las fiestas. Puedes prepararlo con 3 días de anticipación y guardarlo en un recipiente hermético.

Precalienta el horno a 350°F.

Mezcla el aceite de oliva, el orégano, el ajo, el chipotle molido, la sal y la pimienta negra en un tazón mediano para que se incorporen. Utilizando una brocha de repostería, baña las rebanadas de *baguette* con el aceite de oliva por ambos lados. Coloca los panes en una bandeja para horno y hornea por 10 minutos, o hasta que estén dorados. Déjalos enfriar antes de servir.

TAQUITOS ENROLLADOS DE HONGOS CON SALSA DE TOMATILLO ASADO Y CILANTRO

1½ cdas. de aceite de oliva

¾ tz. de cebolla picada

2 dientes de ajo, finamente picados

5 oz. de champiñón botón, picados

1½ cdas. de cilantro fresco picado

Sal y pimienta negra recién molida

12 tortillas de maíz de 6 pulgadas

Aceite vegetal, para freír

Salsa de tomatillo asado y cilantro (ver pág. 167)

Los taquitos, también conocidos como flautas donde yo crecí, son tortillas de maíz rellenas, enrolladas y fritas. El pollo o carne deshebrada es el relleno tradicional, pero aquí yo uso hongos acompañados de salsa de tomatillo acidita para un gran plato vegetariano.

Calienta ½ cucharada del aceite de oliva en una sartén gruesa y grande sobre fuego medio-alto. Agrega la cebolla y el ajo y saltea por 5 minutos, o hasta que empiece a dorar. Agrega la cucharada de aceite restante y los hongos, y saltea por 5 minutos, o hasta que estén dorados. Retira del fuego. Incorpora el cilantro y sazona el relleno de hongos con sal y pimienta negra a tu gusto.

Coloca las tortillas en una superficie de trabajo y úntales 2 cucharadas del relleno en el centro. Enróllalas en un cilindro. Coloca un palillo en el centro y uno en cada orilla de cada taquito para evitar que se salga el relleno. (Hasta este punto se puede hacer con 1 día de anticipación. Transfiérelos a una bandeja para horno, cubre y refrigera.)

Coloca una sartén mediana a fuego medio-alto y agrega suficiente aceite vegetal hasta alcanzar la mitad de altura de los lados. Calienta el aceite a 350°F. Trabajando en tandas, fríe los taquitos hasta que estén dorados, aproximadamente 1 minuto por lado. Colócalos sobre toalla de papel, para que se escurran.

Retira los palillos de los taquitos y colócalos sobre una fuente. Con una cuchara agrega salsa de tomatillo y cilantro sobre el centro a cada taquito y sirve.

JALAPEÑOS HOJALDRADOS RELLENOS DE QUESO OAXACA

2½ tz. de queso Oaxaca o mozzarella deshebrado

1½ cdas. de orégano seco desmoronado, de ser posible, mexicano

Sal y pimienta negra recién molida

18 chiles jalapeños, chamuscados (ver pág. 35), pelados, sin tallo, sin semillas y enteros

Aceite en aerosol

1 paquete de 17 oz. de hojaldre congelado, descongelado

Harina común, para amasar

1 huevo ligeramente batido con 1 cda. de agua

¡Estos sí son picantes! Si te asusta lo picante puedes utilizar chiles güeritos, pero los jalapeños son del tamaño exacto para un aperitivo. El queso Oaxaca, como la mozzarella, es un queso blanco de sabor suave, excelente para derretir. En México es muy popular para las quesadillas.

Precalienta el horno a 350°F. Engrasa una bandeja para horno con aceite en aerosol.

Mezcla el queso con el orégano en un recipiente mediano. Sazona con sal y pimienta. Con cuidado, rellena cada jalapeño con 1 cucharada de la mezcla de queso. (Los jalapeños pueden prepararse con 1 día de anticipación. Pasa los jalapeños rellenos cuidadosamente a una bandeja para horno, cubre y refrigera.)

Trabajando con 1 hoja a la vez, amasa con un rodillo el hojaldre en una superficie ligeramente enharinada a un grosor de ¼ de pulgada. Corta en 9 rectángulos de 3 x 4 pulgadas. Coloca los rectángulos sobre una superficie de trabajo y barniza cada uno ligeramente con el huevo. Coloca 1 jalapeño en el centro de cada rectángulo a lo diagonal. Dobla ajustadamente el hojaldre, como un sobre, por encima del jalapeño para encerrarlo completamente. Barniza el hojaldre ligeramente con el huevo. Presiona las orillas ligeramente con los dientes de un tenedor para sellar el hojaldre. Inviértelos sobre la bandeja para horno con la abertura hacia abajo. Barnízalos ligeramente con el huevo. Repite con el hojaldre y los jalapeños restantes.

Hornea hasta que estén esponjosos y dorados, aproximadamente 20 minutos. Déjalos enfriar por 5 minutos y pasa los jalapeños envueltos en hojaldre a una fuente y sirve.

FLOR DE CALABAZA RELLENA DE QUESO MASCARPONE CON ALIÑO DE FRAMBUESA

⅓ tz. de frambuesas frescas

⅓ tz. de chalotes picados

¼ tz. de vinagre de frambuesa

½ tz. de aceite de oliva

Sal y pimienta negra recién molida

⅓ tz. de queso mascarpone

1 cdta. de chile chipotle enlatado en salsa de adobo, finamente picado

½ cdta. de tomillo fresco finamente picado

12 flores de calabaza (*squash*) frescas, sin el pistilo

Aceite vegetal, para freír

½ tz. de harina de trigo

Capeado de cerveza (pág. 50)

En Tijuana, en cuanto los días se vuelven un poco más calurosos, los vendedores ambulantes aparecen con montones de flor de calabaza (*squash*). Yo crecí comiendo quesadillas rellenas de flor de calabaza salteada, servidas con frambuesas frescas. El agregar mascarpone, un queso italiano de tres cremas, lleva este plato a un nuevo nivel.

Mezcla las frambuesas, el chalote y el vinagre en una licuadora o en un procesador de alimentos y procesa hasta formar un puré grueso. Con la máquina andando, agrega el aceite gradualmente. Sazona el aliño con sal y pimienta negra a tu gusto. Deja a un lado.

Mezcla el mascarpone, el chile chipotle y la salsa con el tomillo en un tazón chico. Sazona el relleno a tu gusto con sal y pimienta. Coloca el relleno dentro de una duya de repostería con punta de ¼ de pulgada. Rellena cada flor de calabaza y tuerce la punta para cerrarla.

Coloca una cacerola gruesa mediana sobre fuego medio-alto y agrega suficiente aceite vegetal hasta alcanzar un tercio de altura de los lados de la cacerola. Calienta el aceite a 350°F.

Espolvorea las flores de calabaza en la harina y después sumérgelas en el capeado de cerveza. Trabajando en tandas, fríe las flores de calabaza por 3 minutos o hasta que estén doradas. Colócalas sobre toallas de papel para que se escurran. Acomoda las flores de calabaza en una fuente, salpica con el aliño de frambuesa y sirve.

CONSEJO ¿NO TIENES DUYA DE REPOSTERÍA? NO TE PREOCUPES. COLOCA EL RELLENO DENTRO DE UNA BOLSA DE PLÁSTICO Y CORTA UN ORIFICIO DE ¼ PULGADA EN UNA DE LAS ESQUINAS.

capeado de cerveza

1 tz. de harina común

1 cdta. de sal

½ cdta. de pimienta negra
recién molida

1 tz. de cerveza mexicana
oscura

Abre una cerveza mexicana helada, como una Negra Modelo o una Dos Equis (XX) Ámbar, para preparar este sabroso capeado de cerveza. También cambiará el modo en que piensas sobre pescado frito.

Mezcla la harina, la sal y la pimienta en un recipiente mediano. Gradualmente agrega la cerveza mientras bates. Deja el capeado reposar por 15 minutos antes de usarlo.

QUESO FRESCO ASADO CON SALSA DE TOMATILLO Y *CHIPS*

1 lb. de tomatillos, pelados

½ cebolla mediana, picada

3 chiles serranos, sin tallo y sin semillas

3 dientes de ajo, en cuartos

3 cdas. de cilantro fresco finamente picado

Sal y pimienta negra recién molida

1 cda. de aceite de oliva

1 lb. de queso panela (o queso mozzarella) cortado en rebanadas de 1 pulgada de grosor, secado con toallas de papel

Chips (ver Consejo)

Cuando veas lo fácil que es preparar esta salsa, nunca querrás volver a comprar un frasco. ¡Y olvídate de los *chips* en bolsa! No toma casi ningún esfuerzo hacer los tuyos en casa. En mi versión de esta receta clásica, el queso es asado en lugar de frito, resultando en una alternativa más ligera que realmente le saca el sabor dulce al queso panela. Si no puedes comprar queso panela, sustitúyelo por un mozzarella húmedo.

Precalienta el horno a 375°F.

Coloca los tomatillos en una cacerola mediana y agrega suficiente agua para cubrirlos. Hierve a fuego medio por 5 minutos o hasta que estén tiernos. Pasa los tomatillos y ¼ de taza del líquido en que los cociste a un procesador de alimentos. Agrega la cebolla, los chiles, el ajo y el cilantro y procésalos hasta que estén suaves. Pasa la salsa a un recipiente y déjala enfriar completamente. Después sazona a tu gusto con sal y pimienta, cubre y refrigera hasta que esté fría. (La salsa puede prepararse con 1 día de anticipación y mantenerla refrigerada.)

Calienta el aceite en una sartén gruesa y grande sobre fuego medio-alto. Trabajando en dos tandas, agrega las rebanadas de queso y ásalas por 2 minutos por cada lado, o hasta que se doren. Cuidadosamente pasa el queso a un platón. Repite con el queso restante. Para comerse, coloca en cada *chip* una pieza de queso y luego la salsa.

CONSEJO LOS *CHIPS*, O TOTOPOS, COMO SE CONOCEN EN MÉXICO, SON MUY FÁCILES DE HACER. CORTA LAS TORTILLAS EN LA FIGURA QUE DESEES (PUEDES DIVERTIRTE CON ESTO, SI QUIERES) Y FRÍELOS EN ACEITE VEGETAL A 350°F HASTA QUE ESTÉN CRUJIENTES, APROXIMADAMENTE 3 MINUTOS. ESCÚRRELOS EN TOALLAS DE PAPEL Y SAZÓNALOS GENEROSAMENTE CON SAL MIENTRAS ESTÁN CALIENTES. GUÁRDALOS EN UN RECIPIENTE HERMÉTICO A TEMPERATURA AMBIENTE HASTA POR 1 DÍA.

PIERNITAS DE POLLO GLASEADAS EN MIEL CON CHILE ANCHO Y NUEZ

½ tz. de miel

½ tz. de nueces Pacana picadas

3 cdas. de mantequilla sin sal

1 cda. de vinagre blanco destilado

1 cda. de salsa inglesa

1 cda. de chile ancho molido

1 cdta. de ajo en polvo

Sal y pimienta negra recién molida

1½ lbs. de piernitas de pollo (*drumettes*)

Esta receta tiene mi combinación favorita: lo picante y lo dulce. Ni te preocupes de que el pollo pueda secarse en el horno, todo el sabor y los jugos están sellados por el glaseado crujiente de nuez. Las piernitas de pollo (*drumettes*) son la parte del ala de pollo que, cuando la separas del resto del ala, parece una piernita. Puedes cortar tú mismo las alas o pídele al carnicero que lo haga por ti, o compra piernitas congeladas en la sección de comidas congeladas del supermercado (descongélalas una noche antes dentro del refrigerador).

Precalienta el horno a 350ºF.

Revuelve la miel, las nueces y la mantequilla en una cacerola gruesa y mediana sobre fuego medio-bajo por 3 minutos, o hasta que la mezcla burbujee. Retira del fuego. Incorpora el vinagre, la salsa inglesa, el chile ancho y el ajo en polvo. Sazona el glaseado a tu gusto con sal y pimienta negra.

Coloca las piernitas de pollo en una bandeja para horno. Espolvorea con sal y pimienta. Barniza las piernitas de pollo completamente con el glaseado. Hornea por 25 minutos o hasta que el pollo esté bien cocido. Sirve caliente.

TARTA DE QUESO DE CABRA CON *CHUTNEY* DE CHIPOTLE Y FRAMBUESA

1 cda. de aceite vegetal

1½ tz. de cebolla picada

6 dientes de ajo, finamente rebanados

2½ tz. de caldo de pollo

1 tz. de pimiento morrón rojo picado

1 tz. de miel

1 cdta. de jengibre fresco, pelado y finamente picado

5 cdas. de vinagre de cidra de manzana

¼ tz. de chile chipotle enlatado en salsa de abobo

1 paquete de 10 oz. de frambuesas congeladas, descongeladas y escurridas

½ tz. de cilantro fresco picado

1 paquete de 6 oz. de frambuesas frescas

Sal y pimienta negra recién molida

1 hoja de hojaldre congelado (la mitad de un paquete de 17.3 oz.), descongelada (ver Consejo)

Si quieres evitarte el trabajo de hornear la tarta de hojaldre, simplemente sirve este maravilloso *chutney* junto con el queso de cabra para que tus invitados unten sobre galletas saladas. Yo siempre lo tengo a mano para añadírselo al *hummus* o para untarlo sobre una pieza de pollo a la parrilla. El queso de cabra cremoso es el perfecto contrapunto para el *chutney* ahumado y dulce.

Calienta el aceite en una cacerola gruesa y grande sobre fuego medio-alto. Agrega la cebolla y cocina por 5 minutos, o hasta que esté translúcida. Añade el ajo y cocina por 3 minutos más. Agrega el caldo de pollo, el pimiento, la miel, el jengibre, el vinagre y los chiles chipotle con la salsa y ponlos a hervir. Reduce el fuego a medio-bajo y hierve a fuego lento por 2½ horas, o hasta que la salsa se espese.

Agrega las frambuesas descongeladas y cocina, revolviendo de vez en cuando, por 15 minutos. Retira la olla del fuego y deja que el *chutney* enfríe un poco. Luego incorpora el cilantro y las frambuesas frescas. Sazona a tu gusto con sal y pimienta negra. (El *chutney* puede prepararse con 3 días de anticipación. Enfría, cubre y refrigera.)

Precalienta el horno a 400°F. Forra una bandeja para horno con papel pergamino.

Harina común, para amasar

1 huevo grande,
ligeramente batido

Un tronco de queso de
cabra suave de 5,5 oz., a
temperatura ambiente

Con un rodillo amasa el hojaldre sobre una superficie ligeramente enharinada para formar un rectángulo de 12 x 15 pulgadas. Corta un rectángulo de 12 x 5 pulgadas, dos tiras de 11 x ½ pulgada y dos tiras de 5 x ½ pulgada de hojaldre. Coloca el rectángulo en la bandeja para horno preparada. Perfórala toda con un tenedor. Utilizando una brocha de repostería, barniza las tiras con el huevo batido. Coloca las tiras cortas, con el barnizado del huevo hacia abajo, en las orillas cortas del rectángulo de hojaldre para formar una orilla elevada. Coloca las tiras largas, con el barniz del huevo hacia abajo, a lo largo de los lados largos del hojaldre. Hornea la tarta hasta que esté dorada, aproximadamente 15 minutos. Mantén el horno encendido.

Unta el queso de cabra uniformemente sobre la base de la tarta caliente y regrésala al horno. Hornea por 5 minutos o hasta que el queso se empiece a derretir. Corta la tarta en rebanadas de 1 pulgada de ancho y corona cada una con una cucharada generosa del *chutney* de chipotle y frambuesa y sirve.

CONSEJO SIEMPRE USA HOJALDRE DE MANTEQUILLA PARA UN MEJOR SABOR Y RESULTADO.

EL BURRITO DE PATO

1 cda. de sal

4 dientes de ajo, machacados

2 chalotes rebanados

6 ramas de tomillo fresco

2 ramas pequeñas de romero fresco

1 pato entero de 5 lbs., cortado en 6 piezas (2 piernas, 2 muslos y 2 pechugas)

Pimienta negra recién molida

4 tz. de grasa de pato (o 2 tz. de manteca de cerdo más 2 tz. de grasa de pato)

6 a 8 tortillas de harina de 10 pulgadas, calientes (ver pág. 59)

3 cebollines (partes blancas y verde pálido únicamente), cortados en tiritas

Salsa de tomatillo asado y cilantro (ver pág. 167)

Este es el mejor burrito que vas a probar en toda tu vida, y no es una exageración. "Confitar" es conservar la carne del pato, curándola primero con sal y después cocinándola y almacenándola en su propia grasa. Esta es una de esas cosas que sólo como de vez en cuando, por obvias razones, pero que anhelo tremendamente. Toma en consideración que el pato debe prepararse con un día de anticipación, pero créeme, vale la pena el esfuerzo extra (también puedes comprar pato ya confitado para acortar el tiempo de preparación). Debo confesarte que, alguna vez, he usado manteca de cerdo de la carnicería local cuando no he tenido suficiente grasa de pato (que compro en Whole Foods), con la respuesta de mis desinformados familiares casi siempre siendo "Marcela, el pato sabe diferente hoy. Sabe… mejor".

Espolvorea ½ cucharada de sal sobre la base de un molde de vidrio para hornear de 9 x 13 pulgadas (o cualquier recipiente suficientemente grande para acomodar las piezas del pato cómodamente en una sola capa). Dispersa la mitad del ajo, los chalotes, el tomillo y el romero en el molde. Acomoda las piezas del pato, con la piel hacia arriba, en la mezcla de sal. Luego espolvorea el pato con la sal, el ajo, los chalotes, el tomillo y el romero restantes y un poco de pimienta negra. Cúbrelo ajustadamente con envoltura de plástico y refrigera por 1 día.

Coloca la grasa del pato en una cacerola gruesa y mediana y revuelve sobre fuego medio-bajo hasta que esté completamente derretida.

Precalienta el horno a 225°F.

RECETA CONTINÚA

Saca el molde del refrigerador. Quita los ajos y resérvalos. Usando un chorro de agua fría, enjuaga las piezas de pato (desechando los chalotes, el tomillo y el romero) y sécalas con papel dando palmaditas. Acomoda las piezas del pato y los dientes de ajo reservados en una sola capa en una olla grande, ancha y resistente al horno. Vierte la grasa derretida sobre el pato (las piezas deben estar cubiertas de grasa) y colócala en el horno. Cocina sin tapar por 2½ horas, o hasta que el pato esté tierno y pueda arrancarse fácilmente del hueso.

Retíralo del horno y deja enfriar ligeramente. Después retira las piezas de pato de la grasa (enfría la grasa completamente, luego cubre y refrigera para otro uso). Quita toda la carne de los huesos, y desecha la piel y huesos. Deshebra la carne de pato. (El pato confitado puede permanecer refrigerado hasta por 6 meses. Para almacenar, regresa la carne deshebrada a la grasa, enfría completamente y luego refrigera. Para recalentar, revuelve el pato deshebrado en su grasa sobre fuego medio hasta que la grasa se derrita completamente. Enfría ligeramente. Retira el pato deshebrado de la grasa.)

Coloca 1 tortilla sobre una superficie de trabajo. Agrega con una cuchara una cantidad generosa de pato confitado deshebrado en el centro, y espolvorea un poco de cebollín encima. Enróllalo como burrito. Corta las orillas y corta el burrito a la mitad. Corta las mitades en forma diagonal y acomódalos paraditos en un platón. Repite con las tortillas, el pato confitado y los cebollines restantes. Sirve con la salsa de tomatillo y cilantro para mojar.

CALENTAR TORTILLAS

Puedes terminar en medio de una agitada discusión si le preguntas a dos mexicanos cuál es la manera adecuada de calentar una tortilla. Muchos lo hacen sobre un comal (una sartén gruesa y grande), pero yo crecí en una casa donde las tortillas de maíz y de harina se calentaban directamente sobre las hornillas de la estufa. Las volteábamos constantemente hasta que estuvieran perfectamente suaves y listas para enrollarlas, aproximadamente 30 segundos. Si tienes la suficiente suerte de encontrar tortillas recién hechas y calientes aún, como yo la tengo a veces en el mercadito de la esquina, ya no hay necesidad de calentarlas. La clave es hacer las tortillas flexibles para que no se rompan al enrollarlas.

CODORNICES PICANTES A LA PARRILLA

⅔ tz. de aceite de canola

¼ tz. de queso parmesano recién rallado

¼ tz. de vinagre de vino blanco

2 cdas. de sazonador italiano con chile (receta a continuación)

8 codornices semideshuesadas (sin huesos del torso pero completas)

Sal y pimienta negra recién molida

Rebanadas de limón, para servir

Mi papá solía ir de cacería y su ave de caza favorita eran las codornices, así que codornices a la parrilla era un plato que aparecía con regularidad en nuestra cena. Cuando estaba con el tiempo corto, mi mamá marinaba las codornices con un aderezo italiano comprado en el supermercado sazonado con chile en polvo, las asaba a la parrilla y las servía como aperitivo seguidas por una carne asada. En esta receta, preparo el marinado desde el inicio, con la cantidad correcta de chile en polvo. Exprime un limón sobre la codorniz y no temas comértela con las manos, es desordenado ¡pero delicioso! Este marinado es fabuloso también con pollo.

Para hacer el marinado, bate el aceite, el queso parmesano, el vinagre, el sazonador italiano con chile y 2 cucharadas de agua en un recipiente pequeño.

Enjuaga las codornices y sécalas con palmaditas con toallas de papel. Acomoda las codornices en un molde para horno que sea lo suficientemente grande para permitir que se acomoden en una sola capa y añade el marinado, volteando las codornices para cubrirlas bien. Cubre y marina en el refrigerador, volteando las codornices una o dos veces, por lo menos 1 día y hasta por 2 días.

Prepara una parrilla a fuego medio-alto o calienta una sartén sobre fuego medio-alto. Saca las codornices del refrigerador y llévalas a temperatura ambiente (aproximadamente 30 minutos).

Retira las codornices del marinado (desecha el marinado) y seca con toallas de papel usando palmaditas. Sazona las codornices con sal y pimienta, y ásalas de 3 a 4 minutos por cada lado, o hasta que estén justo cocidas. La carne debe estar ligeramente rosa en el centro. Sirve con rebanadas de limón.

sazonador italiano con chile

2 cdas. de orégano seco desmoronado

1 cda. de perejil seco

1 cdta. de albahaca seca

¼ cdta. de tomillo seco

1 cda. de sal

1 cda. de sal de ajo

¼ cdta. de sal de apio

1 cda. de cebolla en polvo

1 cda. de azúcar

2 cdtas. de chile Anaheim en polvo

1 cdta. de pimienta negra recién molida

Este sazonador ahumado tiene un sinfín de posibilidades: espolvoréalo sobre papas antes de asarlas, úntaselo a pechugas de pollo antes de asar o úsalo para sazonar filetes antes de sellarlos o hasta en un filete de mero antes de cocinarlo. Para decorar, mezcla un par de cucharadas de esta mezcla de especias con media taza de *crème fraîche* y agrégalo sobre sopas.

Mezcla el orégano, el perejil, la albahaca, el tomillo, la sal, la sal de ajo, la sal de apio, la cebolla en polvo, el azúcar, el chile en polvo y la pimienta en un frasco de vidrio. Cierra la tapa ajustadamente y sacude el frasco hasta que los ingredientes estén bien mezclados. Almacena a temperatura ambiente hasta por 6 meses.

SOPAS Y ENSALADAS

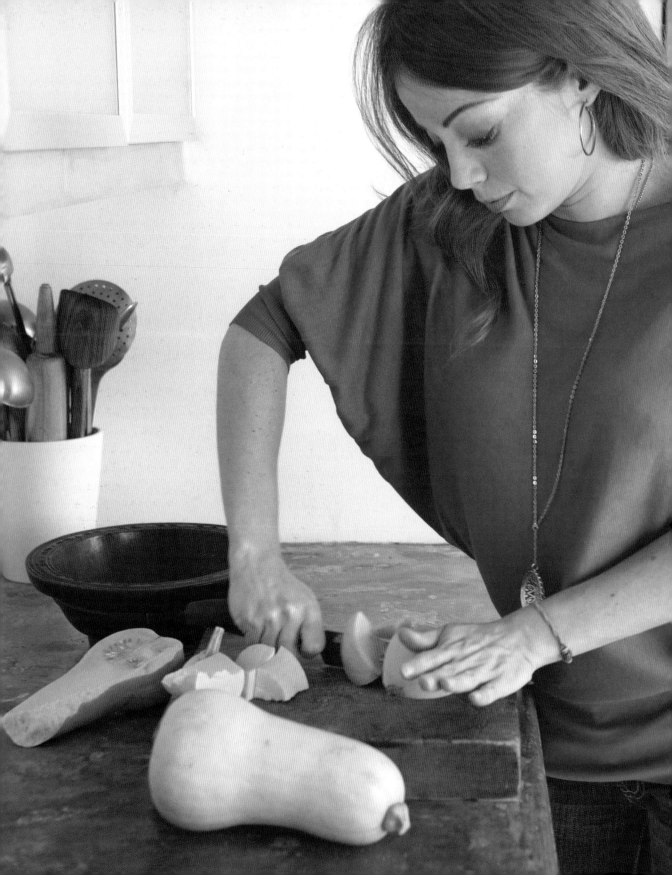

MI MERCADO, TU MERCADO

Porque normalmente involucran relativamente pocos ingredientes y una pequeña cantidad de tiempo en la cocina, el éxito de una sopa o una ensalada recae principalmente en la calidad de sus ingredientes. Para mi suerte, tuve el privilegio de crecer en Tijuana, justo en la frontera entre Estados Unidos y México, donde encontraba variedades interminables de frutas y verduras frescas, así como mariscos, carnes, aves, chiles e ingredientes exóticos dentro de un radio de 15 millas de mi casa. Está de más decir que los elegantes supermercados de San Diego y los florecientes mercados sobre ruedas de Tijuana proporcionan dos tipos de experiencias de comprar alimentos muy distintas. Lo más grandioso de haber crecido justo en la frontera de dos países diferentes es el acceso que tienes a ambos mundos, no sólo a los ingredientes con que cocinar, sino también a ambas culturas.

Cruzo la frontera para comprar el mandado cuando necesito una pierna de ternero, hojaldre congelado, queso fino francés o cualquiera de los muchos ingredientes con los que estoy acostumbrada a cocinar y que no han encontrado su paso a mercados mexicanos, probablemente por su mayor precio. (O tal vez porque simplemente no se venderían, sin importar su precio. El barrio italiano, *Little Italy,* en el centro de San Diego es a donde voy cuando necesito *gnocchi* fresco, pero es mejor si se queda ahí porque el pobrecito *gnocchi* ¡se secaría antes de que alguien lo comprara en Tijuana!)

Comprar en San Diego es una experiencia encantadora, ya que todo está tan organizado. El supermercado está a la temperatura perfecta (a veces camino un poco más lento por los pasillos de comida antes de atreverme a salir al calor del verano). Todo está etiquetado con precisión. La señalización te lleva a cada ingrediente. Puedes encontrar todo congelado: cenas preparadas, repostería, verduras, frutas... Frutas y verduras frescas llegan de todo el mundo, poniendo todo tipo de ingredientes a tu alcance. ¿Cómo puedo toparme con una torre de hermosas remolachas doradas en un pasillo y luego con un arreglo de quesos importados en el siguiente, y no soñar con un *Carpaccio* de remolacha dorada con Gorgonzola y aceite de chile (pág. 83)?

Y luego están los mercados sobre ruedas en Tijuana. Puedes encontrar mercados tipo americano en la mayoría de las ciudades en México, pero para tener una impresión verdadera del color local tienes que visitar un mercado. Voy al Mercado Hidalgo en Tijuana todos los lunes. Está dividido en alrededor de 80 puestos diferentes donde puedes encontrar de todo, desde piñatas, dulces mexicanos, verdura fresca, cualquier tipo de chile (en serio, hay demasiados para contarlos, tanto frescos como secos), frutas exóticas, ciruelas saladas y mango seco cubierto de chile, hasta fuegos artificiales y utensilios para cocina como molcajetes (morteros), espumadores para chocolate caliente y prensas para hacer tortillas.

Pescado deshidratado y frutas endulzadas (hasta batatas), flor de Jamaica, vainas de tamarindo y hasta cerámicas están enfiladas en el mercado. Hay puestos de tacos y tiendas con hierbas y remedios holísticos, así como muchas artesanías mexicanas. Vaya, hasta puedes visitar la capilla del mercado en honor a la Virgen de Guadalupe, la representación mexicana de la Virgen María. ¡Es como una pequeña ciudad! Y está garantizado que encontrarás hojas frescas de plátano cada vez que las necesites. Mi lista para el mercado de Tijuana podrá incluir chiles frescos, flor de calabaza, huevos de codorniz o simplemente algunas cosas que voy a necesitar esa semana, pero siempre acabo regresando a casa con tantas cosas más.

El mercado, o supermercado según sea, es donde pongo mis pensamientos en orden, busco inspiración y encuentro los artículos perfectos de temporada para hacer que cada plato que le sirvo a mis amigos y familia valga la pena. El acceso a dos mundos de comida increíblemente diferentes ha influido enormemente en mi cocina. Para estas sopas y ensaladas, o en realidad, para cualquiera de mis recetas, te recomiendo con insistencia que uses los ingredientes más frescos que puedas encontrar. Seguramente, no va a requerir cruzar una frontera internacional. Pero si así fuera, y puedes hacerlo, considérate afortunado.

BISQUE DE CALABAZA Y CHIPOTLE

1 calabaza (*butternut squash*) mediana

3 cdas. de aceite de oliva

1½ tz. de cebolla picada

½ tz. de apio picado

½ tz. de zanahoria picada

2 dientes de ajo, finamente picados

6 tz. de caldo de pollo

Sal

3 cdtas. de chile chipotle enlatado en salsa de adobo, finamente picado

½ tz. de crema mexicana (ver pág. 70) o crema agria

Pimienta negra recién molida

Aunque las calabazas no se asocian normalmente con la comida mexicana, se encuentran de hecho en muchos platos en todo el país, especialmente en Oaxaca. La pulpa dulce de la calabaza se usa en postres y sus semillas se usan en salsas llamadas *pipián*. Esta receta usa tanto la pulpa, que se asa hasta que se carameliza, como las semillas, que se tuestan para un adorno crujiente. Sirve esta nutritiva sopa como cena en una noche de otoño fresca, o sírvela en vasos tequileros individuales como un sabroso aperitivo.

Precalienta el horno a 400°F.

Corta la calabaza por la mitad a lo largo. Con una cuchara remueve las semillas, desechando la mayor cantidad de la pulpa fibrosa como te sea posible, ponlas en un cernidor y enjuágalas bajo el chorro de agua fría. Deja a un lado las semillas.

Usando 1 cucharada del aceite de oliva, engrasa un molde de vidrio para hornear. Coloca la calabaza en el recipiente, con el lado del corte hacia abajo. Perfora la calabaza por todos lados con un tenedor. Asa por 45 minutos, o hasta que esté muy tierno. Deja enfriar.

Calienta las 2 cucharadas de aceite restantes en una olla gruesa grande a fuego medio-alto. Agrega la cebolla, el apio y la zanahoria. Saltea por 10 minutos o hasta que estén tiernos. Agrega el ajo y saltea por 2 minutos. Con una cuchara agrega la pulpa de la calabaza a la olla y revuelve. Agrega el caldo de pollo y hazlo

RECETA CONTINÚA

CONSEJO ¿SABÍAS QUE LOS CHILES CHIPOTLE SON JALAPEÑOS SECOS AHUMADOS? LO PICANTE DEL CHIPOTLE ENLATADO VARÍA POR MARCA. SI SON MUY PICANTES PARA TU GUSTO, USA LA SALSA DE ADOBO QUE LOS ACOMPAÑA EN SU LUGAR.

hervir. Reduce el fuego, cubre la olla y déjalo hervir a fuego lento por 30 minutos, o hasta que las verduras estén muy tiernas.

Mientras, calienta una sartén a fuego medio-bajo. Agrega las semillas de calabaza reservadas y tuéstalas, revolviendo de vez en cuando, por 30 minutos, o hasta que estén crujientes. Sazona las semillas con sal. Déjalas a un lado para enfriar.

Deja que la sopa se enfríe un poco, y luego hazla puré en tandas en una licuadora hasta que esté muy suave. Regresa la sopa a la olla y mantenla caliente a fuego medio-bajo. Incorpora 2 cucharaditas del chipotle.

Mezcla la crema agria y la cucharadita del chipotle restante en un recipiente pequeño. Sazona la crema de chipotle con sal y pimienta.

Lleva la sopa a platos soperos individuales y corona cada porción con una cucharada de crema de chipotle y espolvoréalos con las semillas de calabaza tostadas.

CREMA

La crema mexicana es la versión méxicana de la *crème fraîche,* crema fresca sin pasteurizar espesada por bacterias que existen naturalmente. La crema se usa para coronar muchos platos en México, tales como tostadas, enchiladas, chilaquiles y mole. Debido a que no está pasteurizada, no vas a encontrar la auténtica en este lado de la frontera, pero las cremas mexicanas pasteurizadas en tu tienda de alimentos son buenas para salpicar sobre platos terminados, como lo es la crema agria.

SOPA DE QUESO MANCHEGO Y CHILE POBLANO

14 chiles poblanos, sin tallo y sin semillas

½ cebolla mediana

2 dientes de ajo

8 cdas. (1 barra) de mantequilla sin sal

2 cdas. de harina común

4 tz. de leche entera

1 tz. de queso Manchego rallado (o queso Monterrey)

Sal y pimienta negra recién molida

1 tz. de queso Manchego o Monterrey cortado en cubitos

1 papa Russet mediana, cocida, pelada y cortada en cubos

3 tostadas de maíz (ver pág. 23), asadas y en pedazos

El Manchego, un queso español de sabor suave, hace de esta clásica sopa mexicana un éxito. Tan buena como es cuando se sirve como aperitivo, también es fabulosa cuando se acompaña de galletas saladas para el perfecto aperitivo antes de cenar o se hierve hasta que se espese y se transforme en una salsa tipo Alfredo para pastas o aves. Dicho esto, necesitas comprar aproximadamente 3 onzas de Manchego para esta receta.

Pon a hervir en una cacerola gruesa de tamaño mediano el agua y la sal. Agrega los chiles poblanos y cocina por 20 minutos, o hasta que estén tiernos. Escurre los chiles poblanos y pásalos a una licuadora. Agrega la cebolla, el ajo y ¼ de taza de agua. Mezcla hasta que tenga consistencia suave. Deja a un lado.

Derrite la mantequilla en una olla gruesa grande a fuego medio-alto. Agrega la harina batiendo y cocina por 3 minutos, batiendo constantemente (sin dorar). Reduce el fuego a medio y bate la mezcla de chile. Cocina, batiendo por 4 minutos o hasta que se espese un poco. Agrega la leche batiendo. Lleva la sopa a hervir a fuego lento y cocina, batiendo cada minuto para evitar que se queme, por 10 minutos o hasta que se espese un poco.

Agrega el queso Manchego rallado batiendo. Sazona la sopa con sal y pimienta negra a gusto.

Lleva la sopa a platos soperos y corona con el queso en cubitos y los cubos de papa, y luego con las tostadas.

SOPA FRÍA DE AGUACATE CON CALLO DE HACHA

3 cdas. de aceite de oliva

1 tz. de cebolla blanca cortada en cubos

1 chile serrano, sin tallo, sin semillas y cortado en cubos

3 dientes de ajo, finamente picados

Sal

4 aguacates firmes pero maduros, en mitades, deshuesados y pelados

2 tz. de caldo de pollo

5 cdas. de jugo fresco de limón

¼ tz. de cilantro fresco picado

Pimienta negra recién molida

6 a 8 callos de hacha gigantes

½ tz. de crema mexicana (ver pág. 70) o *crème fraîche,* batida para suavizar

El aguacate le da a esta sopa libre de lácteos su textura cremosa. Para una presentación súper sofisticada, sírvela en vasos de martini fríos y decora cada uno con una salpicada de crema mexicana o *crème fraîche.* Si prefieres una sopa de consistencia más ligera, agrega agua hasta que esté justo como a ti te gusta.

Calienta 2 cucharadas del aceite de oliva en una sartén mediana a fuego medio. Agrega la cebolla y el chile serrano y saltea por 10 minutos, o hasta que estén tiernos. Agrega el ajo y cocina por 2 minutos. Sazona con sal. Retira del fuego y deja enfriar a un lado.

Pon los aguacates en una licuadora. Agrega el caldo de pollo, el jugo de limón, el cilantro y la mezcla de cebolla. Hazlo puré hasta que quede suave. Agrega a la licuadora 2 tazas de agua. Cuela la sopa a un recipiente grande y sazona con sal y pimienta a gusto. Cubre y refrigera hasta que esté bien fría, aproximadamente 3 horas.

Espolvorea los callos por todos lados con sal y pimienta. Calienta la cucharada de aceite de oliva restante en una sartén a fuego medio-alto. Trabajando en dos tandas, dora los callos por 1 minuto por cada lado, o hasta que estén bien cocidas.

Sirve la sopa fría en platos soperos individuales. Corona cada porción con un callo y salpica con la crema.

ENSALADA DE PAPA CON MAÍZ ASADO Y CHILE POBLANO

2 lbs. de papas rojas medianas

3 mazorcas de maíz sin hojas

2 chiles poblanos chamuscados (ver el recuadro, pág. 35) pelados, sin tallos, sin semillas y picados

1 tz. de cebollín picado (únicamente las partes blancas y verde pálido)

½ tz. de crema agria

¼ tz. de mayonesa

¼ tz. de cilantro fresco picado

Sal y pimienta negra recién molida

Esto es fabuloso servido con arrachera asada (*flank steak*) y cerveza o limonada fría. ¿Atrapado adentro de casa? Una sartén para asar el maíz produce una ensalada veraniega igual de deliciosa.

Coloca las papas en una olla grande y agrega agua con sal hasta cubrirlas. Hazlo hervir y cocina por 30 minutos, o hasta que estén tiernas al picar con un cuchillo. Escurre las papas y déjalas enfriar un poco.

Mientras, prepara un asador o una sartén a fuego medio-alto. Agrega las mazorcas de maíz y ásalas, girándolas, hasta que estén uniformemente doradas por todos lados, 10 minutos.

Pica las papas por la mitad y ponlas en un recipiente grande. Utilizando un cuchillo filoso, corta cuidadosamente los granos del maíz y agrégalos al recipiente. Agrega los chiles poblanos, el cebollín, la crema agria, la mayonesa y el cilantro, y mézclalos. Sazona la ensalada de papa con sal y pimienta a gusto. (La ensalada de papa puede prepararse con 1 día de anticipación y refrigerarse. Déjala reposar a temperatura ambiente por 30 minutos antes de servir.)

ENSALADA DE MANGO, PAPAYA, CAMARÓN Y CANGREJO EN TAZONES DE MELÓN DULCE

6 cdas. de mayonesa

¼ tz. (compacta) de azúcar moreno claro

¼ tz. de cilantro fresco picado

3 cdas. de mostaza Dijon

3 cdas. de vinagre blanco destilado

1 cda. de chile jalapeño sin semilla finamente picado

2 cdtas. de jugo fresco de limón

1 cdta. de salsa picante de botella (tipo Huichol)

Sal y pimienta negra recién molida

2 tz. de papaya cortada en cubos (de 1 papaya pequeña)

2 tz. de mango cortado en cubos (de 2 mangos grandes)

1 lb. de camarones cocidos, sin cáscara, desvenados y cortados en cubos

8 oz. de carne de cangrejo en trozos, asegurándote de quitar cualquier concha y cartílago

2 ó 3 melones dulces pequeños (ver Consejo)

Esta refrescante ensalada de mariscos está inspirada en una que comí en un café al aire libre en Yucatán, donde la cocina está influenciada por las culturas maya, caribeña, mexicana, francesa y del Medio Oriente. El mango y la papaya agregan una dulzura inesperada y un giro tropical. La preparo para el brunch con amigos, y la sirvo con vasos altos de té frío de guayaba.

Mezcla la mayonesa, el azúcar moreno, el cilantro, la mostaza, el vinagre, el chile jalapeño, el jugo de limón y la salsa picante en un recipiente mediano y revuelve bien. Sazona el aderezo a tu gusto con sal y pimienta.

Coloca la papaya, el melón, el camarón y la carne de cangrejo en un recipiente grande. Agrega el aderezo y mezcla con cuidado para combinar. Parte los melones a la mitad y con una cuchara saca las semillas. Agrega la ensalada a los tazones de melón dulce y sirve.

CONSEJO LAS BASES DE LAS MITADES DE LOS MELONES DULCES PUEDEN NECESITAR SER REBANADAS PARA QUE NO SE RUEDEN. UN MELÓN DULCE MEDIO ES APROXIMADAMENTE DEL TAMAÑO DEL INTERIOR DE UN TAZÓN PEQUEÑO.

ENSALADA DE FRIJOLES BLANCOS Y PULPO ASADO

1 lb. de pulpo bebé, con tentáculos

¼ tz. más ⅓ tz. de aceite de oliva

3 dientes de ajo, finamente picados

½ limón

Sal y pimienta negra recién molida

3 tz. de frijoles pintos (*great northern*), cocidos

2 cdas. de cebollín picado (únicamente las partes blancas y verde pálido)

2 cdas. de jugo fresco de limón

3 cdas. de cilantro fresco picado

1 cda. de orégano seco

Este plato, popular en el norte de México, es uno de los favoritos del verano en mi casa y sabe delicioso con cualquier marisco asado, no sólo con pulpo. Los frijoles recién cocidos son siempre lo mejor, pero puedes sustituirlos con frijoles enlatados; solo asegúrate de escurrirlos completamente. Aquí necesitarás dos latas de 14 onzas.

Prepara una parrilla a fuego medio-alto.

Mezcla el pulpo, ¼ de taza de aceite de oliva y el ajo en un recipiente mediano. Exprime la mitad del limón encima, espolvoréalo con sal y pimienta y déjalo reposar por 30 minutos.

Asa el pulpo, dándole vuelta una vez, por 3 minutos o hasta que esté completamente cocido.

Mezcla el pulpo caliente, los frijoles, el cebollín, el jugo de limón, el cilantro, el orégano y ⅓ de taza de aceite de oliva restante en un recipiente grande. Sazona a tu gusto con sal y pimienta. Sirve caliente.

ENSALADA DE REPOLLO CON JÍCAMA, REMOLACHA Y CHILE DE ÁRBOL

¼ tz. de salsa de soja

3 cdas. de jugo fresco de limón

1 cda. de aceite de ajonjolí tostado

2 cdtas. de vinagre balsámico

1 cda. de azúcar

1 chile de árbol fresco, sin tallo, sin semillas y cortado en anillos

Sal y pimienta negra recién molida

2 tz. de jícama pelada rallada (de 1 jícama pequeña)

3 remolachas medianas crudas, peladas y ralladas

1 tz. de pepino pelado, sin semillas y en rebanadas delgadas

La jícama, un tubérculo crujiente parecido a una papa cruda, pero con un sabor más dulce, agrega un crujido delicioso a esta sencilla ensalada, la cual obtiene un impulso por la adición inesperada de la salsa de soja y el aceite de ajonjolí en el aderezo. Mi bisabuela usaba colorante de remolacha como labial y rubor. Aquí yo agrego remolachas no sólo por su vibrante color, sino también por lo crujiente.

Mezcla la salsa de soja, el jugo de limón, el aceite de ajonjolí, el vinagre balsámico, el azúcar y el chile de árbol en un recipiente mediano. Sazona el aderezo a tu gusto con sal y pimienta. Mezcla la jícama, las remolachas y el pepino con el aderezo para combinar. Cubre y refrigera hasta que esté helado. Sirve frío.

PEPINOS Y RÁBANOS SALPICADOS CON LIMÓN

6 rábanos rosas de
1 pulgada, sin cabeza
y sin rabo, en rebanadas
delgadas

1 pepino, pelado y en
rebanadas delgadas

3 limones, en mitades

Sal

1 ramillete de rúcula

1 cda. de aceite de oliva

Pimienta negra recién
molida

Esta debe ser la receta más sencilla del libro. Tal vez por eso este plato aparecía en la mesa casi todos los días durante mi infancia. También da la casualidad de que es un aperitivo muy saludable y refrescante que le encanta a mi hijo. En todos los puestos de tacos de México, a un lado de las salsas, encontrarás un recipiente con pepinos rebanados y otro con rábanos enteros o en mitades. A estos les debes salpicar jugo de limón y un poco de sal para calmar tu hambre mientras preparan los tacos. Asegúrate de que tanto los rábanos como el pepino estén ¡muy frescos y crujientes!

Acomoda las rebanadas de rábano y pepino, sobrepuestos en un cuenco redondo. Exprime el jugo de 2 de los limones sobre las verduras y sazona con sal. Coloca la rúcula en un montoncito en el centro del cuenco, sobre los pepinos y los rábanos. Exprime el jugo de los limones restantes sobre la rúcula y salpica con el aceite de oliva. Espolvorea la rúcula con sal y pimienta y sirve.

ENSALADA DE NOPAL CON ADEREZO DE AGUACATE

¼ de cebolla

2 dientes de ajo, aplastados con el lado del cuchillo

1 cdta. de orégano seco desmoronado

Sal

1½ lbs. de nopales limpios, picados (como 6 tazas)

1 aguacate, partido a la mitad, deshuesado y pelado

¼ tz. (compacta) de hojas frescas de cilantro, más ¼ tz. de cilantro fresco picado

3 cdas. de aceite de oliva extra virgen

½ chile serrano, sin tallo y sin semillas

1½ cdas. de vinagre blanco destilado

Pimienta negra recién molida

½ tz. de tomates cereza picados, sin semilla

½ tz. de queso fresco o feta desmoronado

⅓ tz. de cebollín picado (solamente las partes blancas y verde pálido)

1 tz. de pedazos de chicharrón

Esta es una de mis ensaladas favoritas —es un acompañamiento perfecto para la mayoría de los típicos platos mexicanos. Sírvela con Cochinita pibil (ver pág. 126) o con carne asada. En México, los chicharrones se venden en bolsas como papas fritas, o en piezas grandes en puestos callejeros, y se comen como aperitivo —ya sea solos o salpicados con jugo de limón y salsa picante embotellada. En esta receta proporcionan un agradable crujido. Asegúrate de agregarlos al final porque se remojan si están mucho tiempo en el aderezo. Si quieres mantener la ensalada ligera y saludable, deja los chicharrones fuera por completo.

Mezcla la cebolla, el ajo, el orégano, ½ cucharadita de sal y 4 tazas de agua en una cacerola gruesa y grande, y hazla hervir a fuego alto. Agrega los nopales y hierve por 7 minutos, o hasta que estén tiernos y ya no verde brillante. Cuela los nopales y desecha la cebolla y el ajo. Enfría por completo. (Los nopales pueden prepararse con 1 día de anticipación. Cubre y refrigera.)

Pon el aguacate, las hojas de cilantro, el aceite de oliva, el chile serrano, el vinagre y 2 cucharadas de agua en una licuadora. Licua hasta que tenga una consistencia muy suave (el aderezo va a ser espeso). Sazona a tu gusto con sal y pimienta negra.

Pasa los nopales a un recipiente grande y agrega los tomates, el queso fresco, el cebollín y el cilantro picado. Revuelve para combinar. Agrega suficiente aderezo para cubrir, y mezcla ligeramente. Divide la ensalada en 4 platos y corona cada porción con chicharrones.

CARPACCIO DE REMOLACHA DORADA CON GORGONZOLA Y ACEITE DE CHILE

1 remolacha dorada grande (aproximadamente de 12 oz.), sin tallo y sin rabo

⅓ tz. de aceite de oliva

1 chile jalapeño rojo, sin tallo, sin semillas y finamente picado

1 cda. de vinagre blanco destilado

Sal y pimienta negra recién molida

⅓ tz. de queso Gorgonzola desmenuzado

Esta es una de esas recetas donde el éxito recae en la frescura de los ingredientes. Usa el Gorgonzola de mejor calidad que puedas encontrar, ya sea una versión doméstica suave o la variedad italiana más fuerte. Cualquiera de las dos irá bien con el aceite de chile, que anima esta receta clásica. Esto lleva a una hermosa presentación en una fuente, pero puedes dividir fácilmente las rebanadas de remolacha en platos individuales y servirla de esa manera.

Precalienta el horno a 400°F.

Envuelve ajustadamente la remolacha en papel de aluminio. Colócala directamente en la parrilla del horno y ásala por 40 minutos, o hasta que esté tierna al picarla con un cuchillo. Desenvuélvela, déjala enfriar a temperatura ambiente, y luego refrigérala hasta que esté completamente fría. (La remolacha puede asarse un día antes. Envuélvela en envoltura de plástico y refrigera.)

Mezcla el aceite de oliva y el chile finamente picado en una cacerola pequeña a fuego medio-alto. En cuanto el chile comience a chisporrotear y se ponga anaranjado, retira la cacerola del fuego. Pasa el aceite de chile a un recipiente pequeño y déjalo enfriar completamente. (El aceite de chile puede hacerse 1 día antes. Mantenlo cubierto a temperatura ambiente.)

Pela las remolachas con cuidado. Usando una mandolina puesta a ⅛ de pulgada de grosor, o con un cuchillo muy filoso, corta la remolacha en ruedas muy delgadas. Acomoda las rebanadas de remolacha, sobrepuestas, en una fuente grande. Salpica el vinagre por todos lados. Salpica algo del aceite de chile (incluyendo el chile finamente picado) por todos lados sobre las remolachas. Sazona las rebanadas de remolacha generosamente con sal y pimienta. Espolvorea el Gorgonzola sobre las remolachas y sirve.

ENSALADA DE LANGOSTA, MANGO Y AGUACATE

2 langostas vivas
(de 1¼ a 1½ lbs.)

¼ tz. de aceite de oliva extra virgen

2 cdtas. de cebollín finamente picado (únicamente las partes blancas y verde pálido)

1 cda. de jugo fresco de limón

2 toronjas rojas

2 aguacates firmes pero maduros, en mitades, deshuesados, pelados y cortados en cubitos

1 mango pelado, deshuesado y cortado en cubitos

4 tz. de ensalada de hojas verdes

Sal y pimienta negra recién molida

La langosta abunda en el estado de Baja y también da la casualidad de que es una de las comidas favoritas de mi papá. A menudo llegaba con bastantes para que mi mamá y yo las preparáramos, y en los días calurosos esta refrescante ensalada era obligatoria. El mango resalta la dulzura natural de la langosta, y el brillante jugo de limón la hace un plato perfecto de verano.

Haz hervir una olla grande con agua y sal. Agrega las langostas y hierve por 7 minutos, o hasta que estén completamente cocidas. Escurre las langostas y déjalas enfriar completamente. Cuando las langostas estén lo suficientemente frías para tocarse, quita la carne de la cola (y de las tenazas, si usas langostas Maine), manteniendo la carne intacta. Desecha la pasta, cualquier hueva y conchas. Refrigera la langosta, cubierta, hasta que esté fría, por lo menos 1 hora.

Corta la langosta en pedazos de un bocado. En un recipiente pequeño, bate el aceite de oliva, el cebollín y el jugo de limón; deja a un lado el aderezo.

Utilizando un cuchillo filoso, quita la cáscara y la corteza blanca de cada toronja. Sobre un recipiente pequeño, corta entre las membranas para liberar los gajos de la toronja, dejando caer el jugo y los gajos en el recipiente. Usa una cuchara con ranuras para pasar los gajos a un recipiente grande. Agrega la langosta, los aguacates, el mango y la ensalada de hojas verdes.

Bate el jugo de toronja reservado con el aderezo de cebollín y sazona a tu gusto con sal y pimienta. Revuelve con cuidado la ensalada con el aderezo para cubrir. Sirve.

SÁNDWICH DE ENSALADA DE POLLO AL ESTILO MARTHA

4 tz. de pollo cocido deshebrado (de 1 pollo asado de 2 lbs.)

½ tz. de apio finamente picado

¼ tz. más 2 cdas. de mayonesa (o Mayonesa de chipotle casera, pág. 187)

¼ tz. de chiles jalapeños en escabeche enlatados, sin semilla, finamente picados

¼ tz. de aceitunas kalamata deshuesadas, finamente picadas

3 cdas. de crema agria

3 cdas. de alcaparras, escurridas

2 cdtas. de salsa picante embotellada (tipo Huichol)

1 cdta. de salsa Maggi (ver pág. 28)

½ tz. más 2 cdas. de semillas de ajonjolí, tostadas (ver Consejos, pág. 23)

Sal y pimienta negra recién molida

1 barra rectangular de pan blanco rebanado

Tomé prestada una página de una de las maestras, Martha Stewart, para la presentación de estos sándwiches de ensalada de pollo, pero la receta es completamente mía. Los ingredientes mexicanos y mediterráneos le dan un giro picante a un plato tradicional favorito a la hora de comer. Piensa Martha —pero con garra.

Coloca el pollo, el apio, ¼ de taza de mayonesa, los chiles jalapeños, las aceitunas, la crema agria, las alcaparras, la salsa picante y la salsa Maggi en un recipiente grande y mézclalo para combinar. Agrega las 2 cucharadas de semillas de ajonjolí. Sazona la ensalada de pollo con sal y pimienta a gusto. (La ensalada de pollo puede prepararse con 2 días de anticipación. Cubre y refrigera.)

Unta una capa pareja de ensalada de pollo sobre la mitad de las rebanadas de pan. Tapa con la otra mitad de las rebanadas para hacer sándwiches. Recorta las orillas. Corta cada sándwich a la mitad diagonalmente.

Para servir, acomoda los sándwiches, la orilla larga abajo, en una hilera en una fuente —se verá como el techo de una casa larga. Unta un lado del "techo" con las 2 cucharadas de mayonesa restantes. Espolvorea la ½ taza de semillas de ajonjolí restantes sobre la mayonesa.

ENTRADAS

LOS DOS PEDROS

De vez en cuando, me preguntan quién ha tenido la mayor influencia en mi carrera como chef. Ciertamente, le debo agradecimiento a unas cuantas personas. Mis instructores en la escuela culinaria Ritz Escoffier en París; los editores de *Bon Appétit*; y mi abuelo y mi tía Marcela, quienes también eran chefs, son los primeros que me vienen a la mente. Pero el título de mayor influencia va a dos de los mejores cocineros que conozco, Pedro Huerta y Pedro Rocha, también conocidos por mi familia como "Los dos Pedros".

No recuerdo exactamente en qué mes o en qué año pasó, pero un día cuando yo era joven mi mamá decidió que ya no quería cocinar, lo que era increíblemente triste porque mi mamá era una excelente cocinera. Sufría de una condición médica que la hacía cansarse rápidamente, y el cocinar se volvió muy exigente (los hijos y las vueltas en el carro, estoy empezando a comprender, te dejan sin energía para cuando la mitad del día apenas ha terminado). Pero aún, así nuestra familia necesitaba comer.

Mi padre raramente se metía en el territorio de mamá. Él traía la comida a la mesa y ella la cocinaba, y punto. Creo que se moriría de hambre antes de prepararse un sándwich —el hombre simple y sencillamente no cocina. Pero algo necesitaba hacerse. Mientras tanto, mi padre empezó a comer fuera mucho. Y por mucho, quiero decir desayunos, comida y cena en un restaurante todos los días de la semana, así como traer suficiente comida para el resto de nosotros. Al darse cuenta del increíble tiradero de dinero que esto significaba, mi papá decidió que iba a contratar a un cocinero de su restaurante favorito, que en ese momento era el Club Campestre de Tijuana.

Antes de que empieces a imaginarme viviendo en un palacio con sirvientes cumpliéndonos todos nuestros caprichos y un chef personal haciendo chilaquiles al momento, recuerda, esto es Tijuana y el costo laboral —junto con todo lo demás, en realidad— es mucho, mucho, más barato que en los Estados Unidos (¿por qué crees que todavía vivo aquí?). Bueno, así es como Pedro Huerta llegó a trabajar a mi casa. Pedro no era un chef entrenado. Nunca fue a una escuela culinaria y nunca trabajó bajo ninguna persona importante en el mundo culinario, pero ¡cielos! sí sabía cocinar. Y no se inmutaba ni por las peticiones más intimidantes, como cuando mi padre le llamaba al mediodía para pedirle una comida para él y ocho amigos.

Los horarios de comida son diferentes en México. Normalmente es un desayuno temprano, una comida fuerte a mediodía y luego una cena ligera. Una llamada de mi padre a Pedro al mediodía significaba que la comida debía estar en la mesa a las 3 en punto. En esas tres horas, Pedro compraba todos los ingredientes y preparaba la comida para mi papá, sus amigos, mi mamá y mis hermanos. Su comida para esas ocasiones especiales era un corte selecto con corteza de hierbas servido con salsa de champiñón y reducción de vino tinto al lado de mitades de langosta marina gigantes fritas en mucha mantequilla. Como guarnición, algunas de sus mejores eran espárragos con *prosciutto* plateado y almendras en una enorme papa al horno. El postre era siempre higos endulzados, que mi papá traía a casa desde San Quintín, con helado de vainilla natural. Al final de las comidas de Pedro, mi padre y sus amigos aplaudían (literalmente) su esfuerzo.

Aprendí mucho de Pedro Huerta, y me dio mucha tristeza cuando se fue para abrir su propio restaurante. Afortunadamente, está a cuatro cuadras de la casa de mi papá, así que Pedro sigue cerca para cuando mi papá tiene antojo del corte selecto perfectamente cocinado.

Así que ahí estábamos otra vez, hambrientos, sin nadie que nos preparara comida. Nos habíamos enamorado de Pedro, así que la única solución era encontrarnos otro Pedro. Literalmente. Mi papá puso un anuncio en el periódico buscando un chef personal. Eligió a Pedro Rocha.

Pedro Rocha, o "El Pedro nuevo" como se le conocía en mi casa, venía de un restaurante de mariscos, así que su fuerte era cualquier cosa que viniera del mar. Había comido mariscos toda mi vida, pero este Pedro me abrió los ojos a cómo se deben preparar los mariscos.

El Pedro nuevo vivía para ir a la pescadería y escoger los mariscos más frescos y servirlos de la manera más orgánica posible. Nada recargado, muy pocos condimentos —solo mariscos perfectamente preparados, en la mesa en tiempo récord. Era un maestro con el ceviche y preparaba aperitivos de mariscos increíbles. Su pescado sarandeado, un pescado entero cocinado en una canasta para asar, era espectacular y pronto se convirtió en un plato favorito entre los amigos de mi papá. Pero igual que con el Pedro viejo, el nuevo Pedro tenía que perseguir sus sueños y se fue a trabajar en un restaurante.

Los días de tener un cocinero personal habían terminado. Con todos nosotros fuera de la casa y mi mamá no más con nosotros, ya no tenía sentido, así que mi papá volvió a sus viejas costumbres y la mayoría de sus comidas son otra vez con amigos en restaurantes (aunque todavía me sorprende de vez en cuando tocando a mi puerta a las 7 de la mañana para pedir huevos rancheros).

En cuanto a los dos Pedros, no había modo de que mi papá los dejara ir tan fácilmente. De vez en cuando mi papá revive los viejos tiempos e invita a sus amigos a la casa a una comida creada no por uno, sino ¡por *ambos* de nuestros queridos Pedros! Sus puntos fuertes se complementan el uno al otro para crear un menú que está en perfecta armonía, y somos privilegiados de participar en comidas por las que ahora son muy conocidos en Tijuana.

Saboreo estas comidas por dos razones. Número uno: yo no cocino. Me toca relajarme y saborear las comidas con las que crecí mientras disfruto de un tequila Don Julio 1942. Número dos: aprendo algo nuevo de estos tipos cada vez que los veo cocinar. Verlos sentados en silencio en la cocina esperando la reacción de mi papá y sus amigos, y oír esa reacción —los murmullos de apreciación entre bocados de una comida exquisita— es una inspiración.

La mayor lección que he aprendido de los dos Pedros es que no necesitas un diploma de la mejor escuela culinaria del mundo, o una estrella Michelín, o trabajar bajo un famoso chef francés para preparar una comida memorable. Solo necesitas tener *sazón* —ese toque especial que hace a tu comida única— y la capacidad de cocinar con tanto corazón que te haga merecer un aplauso al final. Algunos lo aprenden en la escuela, y otros, como los dos Pedros, nacen con él.

Si alguna vez tengo la suficiente suerte de que alguien escriba sobre mí y mi cocina, espero que me describan como que nací con el talento. Gracias, Pedro Rocha y Pedro Huerta: ustedes dos son maestros en su oficio. Gracias por compartir sus recetas conmigo, ya que fueron la inspiración para muchas de las recetas de este libro, especialmente en este capítulo. Pero nada de despedidas —mi papá tiene una comida la próxima semana. ¡Los veo a los dos ahí!

DORADO AHUMADO EN HOJAS DE PLÁTANO

DORADO AHUMADO EN HOJAS DE PLÁTANO

8 cdas. (1 barra) de mantequilla sin sal, suavizada

1 cda. de cilantro fresco picado

Sal y pimienta negra recién molida

6 cuadros de hoja de plátano de 12 x 12 pulgadas (ver pág. opuesta)

6 filetes de dorado de 6 oz.

18 rebanadas de limón muy delgadas (de 2 limones)

Salsa de mango, chile serrano y aguacate (pág. 182)

Este plato viene con una historia verdadera más-extraña-que-la-ficción que me compartió un invitado de mi programa de televisión en Discovery en español. El abuelo de este hombre estuvo varado una vez en una isla, a punto de morir de hambre. Para sobrevivir, atrapó una barracuda, la envolvió en algas marinas y la cocinó sobre una fogata. El abuelo sobrevivió —y también la receta, con algunas adaptaciones para situaciones que no sean de vida o muerte. Las hojas de plátano le dan un sabor sutil al dorado y se ven estupendas en el plato. Puedes encontrarlas, frescas o congeladas, en la mayoría de los mercados latinos. El papel de aluminio también funciona en su lugar.

Mezcla la mantequilla y el cilantro en un recipiente pequeño. Sazona a tu gusto con sal y pimienta. Coloca un pedazo de envoltura de plástico en una superficie de trabajo y con una cuchara coloca la mantequilla de cilantro en el centro. Enrolla la mantequilla en un cilindro de 1 pulgada de grosor y refrigera hasta que esté sólido, 2 horas (o hasta por 2 días). Prepara un asador externo a fuego medio-alto. Corta el cilindro en 18 ruedas delgadas.

Coloca las piezas de hoja de plátano en el asador y cocina hasta que estén opacas y maleables, alrededor de 1 minuto por cada lado. Mientras, sazona el pescado por ambos lados con sal y pimienta.

Coloca 1 pieza de pescado en el centro de cada hoja de plátano. Corona cada una con 3 ruedas de la mantequilla de cilantro y 3 rebanadas de limón. Dobla la hoja de plátano sobre el pescado para envolverlo completamente. Amarra una pequeña pieza de hilo de cocina alrededor de la hoja de plátano.

Asa el pescado en las hojas de plátano por 8 ó 10 minutos por cada lado, o hasta que esté completamente cocido. Abre los sobres con cuidado, corona el pescado con la salsa y sirve inmediatamente.

HOJAS, DE PLÁTANO

Las exuberantes hojas de plátano, que crecen como a 5 pies de alto como parte de la planta de plátano, se usan extensamente en México, envolviendo todo desde pescado hasta tamales. En la cocina asiática e hindú las usan para cocer carnes al vapor, como envoltura para bocadillos más pequeños y a veces en lugar de platos para servir la comida (los hindúes creen que las hojas de plátano agregan un sabor placentero a la comida que se sirve en ellas).

Debido a que es robusta, la hoja de plátano puede soportar mayor calor que la lechuga romana o el repollo, que también pueden utilizarse para envolver y cocer al vapor, y ofrece una presentación exponencialmente más apetitosa que el papel de aluminio.

Las hojas de plátano se venden partidas y congeladas a través de vendedores en Internet, o puedes encontrarlas en tu mercado latino o asiático local. Lleva unas hojas frescas extras a casa y ponlas en un jarrón para una hermosa adición tropical a tu decoración, ¡o usa una hoja fresca larga como un tapete en tu mesa de buffet!

CAMARONES EN CREMA DE CHIPOTLE

1 tz. de harina común

4 cdas. de cilantro fresco picado

Sal y pimienta negra recién molida

2 lbs. de camarones grandes crudos (de 13 a 15 por lb.), pelados pero dejados intactos y desvenados

6 cdas. (¾ de barra) de mantequilla sin sal

¼ tz. de vino blanco seco

1 tz. de crema espesa

2 cdas. de chiles chipotle, enlatados en salsa de adobo, picados

2 dientes de ajo, finamente picados

1½ cdas. de salsa inglesa

Sirve esto sobre arroz, el cual absorberá la rica salsa de crema. Este plato es para el amante de lo picoso que llevas dentro; si quieres preparar una versión más suave para invitados o niños, puedes usar solamente la salsa de adobo que acompaña a los chipotles enlatados y guardar los chiles para cuando la prepares para ti. Duran meses en un contenedor cerrado en el refrigerador.

Coloca la harina en un recipiente poco profundo. Agrega 3 cucharadas del cilantro, 1 cucharadita de sal y 1 cucharadita de pimienta y revuelve para mezclar. Añade los camarones y revuelve para cubrirlos.

Derrite la mantequilla en una sartén gruesa y grande a fuego medio-alto. Agrega los camarones y saltea por 5 minutos, o hasta que estén dorados y apenas cocidos. Pasa los camarones a un plato.

Añade el vino a la misma sartén y hierve por 2 minutos, o hasta que se espese un poco. Agrega la crema, los chipotles, el ajo y la salsa inglesa a la sartén y hierve por 2 minutos, o hasta que se reduzca un poco.

Regresa los camarones a la sartén y revuelve para cubrirlos con la salsa de chipotle. Sazona a gusto con sal y pimienta. Espolvorea con la cucharada restante de cilantro y sirve.

SALMÓN CON CORTEZA DE BATATA Y SALSA DE SALMÓN AHUMADO Y CHILE MULATO

1 batata grande (como de 10 oz.), pelada y rallada (alrededor de 2 tz.)

1 clara de huevo grande, ligeramente batida

Sal y pimienta negra recién molida

¼ tz. de nuez moscada molida

4 filetes de salmón, corte del centro, sin piel, de 8 oz.

2 cdas. de aceite de oliva

Salsa de salmón ahumado y chile mulato (pág. 172)

La idea de este plato viene de un chef de la escuela culinaria a quien le gustaba empanizar el salmón con papas russet ralladas. La batata le da una dimensión completamente nueva a esta delicada corteza —un perfecto contrapunto para la salsa ahumada.

Mezcla la batata, la clara de huevo, ½ cucharadita de sal, ½ cucharadita de pimienta y la nuez moscada en un recipiente mediano. Espolvorea el salmón completo con sal y pimienta. Con una cuchara agrega ¼ de la mezcla de batata sobre cada filete de salmón y dale palmaditas para formar una corteza.

Calienta el aceite en una sartén gruesa y grande a fuego alto. Coloca cuidadosamente las piezas de salmón, con la corteza hacia abajo, en la sartén. Cocina a fuego medio-alto por 4 minutos, o hasta que la corteza esté dorada. Usando una espátula, voltea cuidadosamente las piezas de salmón y cocina por 8 minutos, o hasta que el salmón esté bien cocido.

Con una cuchara agrega ¼ de taza de la salsa en cada uno de los 4 platos para servir. Coloca una pieza de salmón en cada plato y sirve.

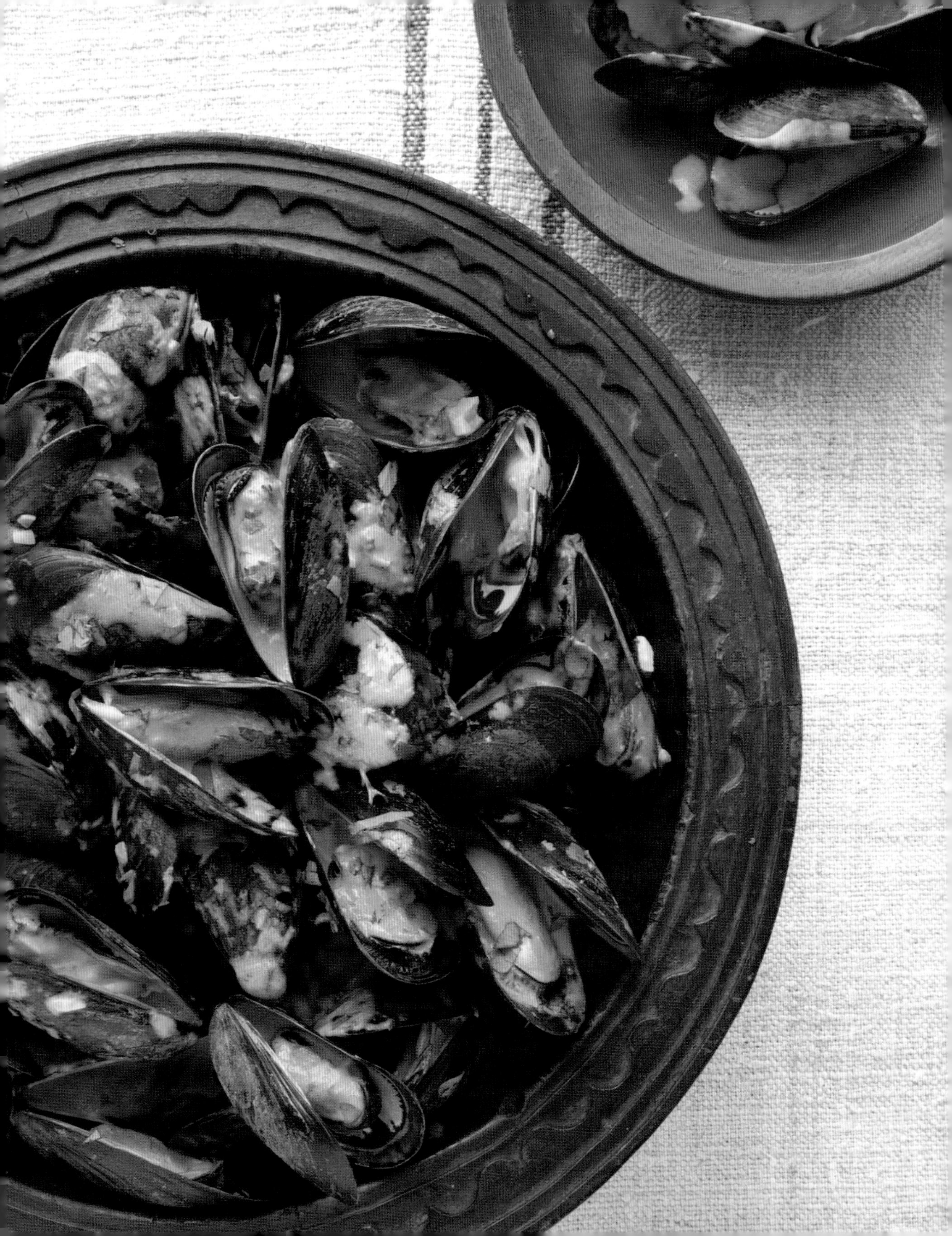

MEJILLONES EN CREMA DE AZAFRÁN Y CILANTRO

1½ tz. de crema espesa

1 cdta. de hilos de azafrán, machacados

2 lbs. de mejillones, limpios y sin barbas

¾ tz. de vino blanco seco

2 dientes de ajo, finamente picados

1 tz. de tomates enlatados, machacados en puré

¼ tz. más 1 cda. de cilantro fresco picado

Sal y pimienta negra recién molida

Aunque el azafrán es un condimento español (y el más caro del mundo), se usa frecuentemente en la comida mexicana. Lo uso en esta salsa de crema como una alternativa más rica y sabrosa a la muy popular salsa marinara de mejillones. Puedes encontrar mejillones en bolsa, ya limpios y sin barbas, en la mayoría de los mercados. Asegúrate de desechar cualquier mejillón con conchas rotas o abiertas antes de cocerlos, y cualquiera que no haya abierto después de cocido.

Mezcla la crema y el azafrán en una cacerola mediana y hazlo hervir. Reduce el fuego y deja hervir a fuego lento por 10 minutos, hasta que la crema se espese.

Combina los mejillones, el vino y el ajo en una cacerola grande a fuego medio-bajo. Cubre y cocina por 4 minutos, o hasta que los mejillones comiencen a abrirse. Retira del fuego. Usando una cuchara con ranuras, pasa los mejillones a un recipiente grande (desecha cualquier mejillón que no se abra).

Añade la crema de azafrán a la cacerola y agrega los tomates revolviendo. Haz hervir la salsa sobre fuego alto. Reduce el fuego a medio y deja hervir por 5 minutos o hasta que la salsa se espese un poco.

Agrega ¼ de taza de cilantro y sazona la salsa a tu gusto con sal y pimienta. Vierte la salsa sobre los mejillones. Espolvoréalos con la cucharada de cilantro restante y sirve.

PARGO AL ESTILO VERACRUZANO

3 cdas. de aceite de oliva

4 filetes de 6 oz. de pargo rojo

Sal y pimienta negra recién molida

¾ tz. de cebolla picada

4 dientes de ajo, finamente picados

1½ tz. de tomates machacados, enlatados en su jugo

1 chile Anaheim, sin tallo, sin semillas y cortado en tiras

1 hoja de laurel

1 cdta. de orégano seco desmoronado

½ tz. de aceitunas verdes en mitades, deshuesadas

¼ tz. de alcaparras, escurridas

Tradicionalmente servido con papas blancas pequeñas asadas (*papitas de cambray*) o arroz blanco, este plato es una gran representación de la influencia europea en la cocina del Golfo de México. Agrega pasas y una pizca de canela si quieres algo de dulzura para contrastar con las sabrosas alcaparras y aceitunas; para una versión tradicional, aderreza el pescado con jalapeños curtidos. De cualquier modo, un vino blanco muy frío es un acompañamiento encantador.

Calienta el horno a 350°F.

Calienta una cucharada del aceite de oliva en una sartén mediana a fuego medio-alto. Espolvorea los filetes de pescado con sal y pimienta por ambos lados. Cocina los filetes por 2 minutos por cada lado o hasta que el pescado esté opaco y apenas cocido. Pasa los filetes de pescado a un refractario de vidrio en donde quepan justos.

Calienta las 2 cucharadas de aceite de oliva restantes en la misma sartén a fuego medio-alto. Agrega la cebolla y el ajo y cocina por 5 minutos o hasta que la cebolla esté translúcida. Agrega los tomates, el chile Anaheim, la hoja de laurel y el orégano, y deja hervir. Reduce el fuego a medio, cubre y deja hervir la salsa a fuego lento por 6 minutos o hasta que los chiles se suavicen. Destapa la sartén, agrega las aceitunas y las alcaparras y cocina por 4 minutos, o hasta que los sabores se combinen. Sazona la salsa a gusto con sal y pimienta.

Vierte la salsa sobre el pescado en un molde. Pasa el molde al horno y hornea por 5 minutos o hasta que esté caliente. Sirve los filetes coronados con la salsa.

NOPALES RELLENOS DE CAMARÓN

2 cdas. de aceite de oliva

1 tz. de pimiento rojo picado

1 tz. de cebolla picada

1 tz. de tomate sin semilla picado

1 lb. de camarones crudos, desvenados y picados

Sal y pimienta negra recién molida

4 nopales (1¼ lbs.), sin espinas (removidas con un cuchillo filoso pequeño)

Rebanadas de limón, para servir

Salsa picante embotellada (tipo Huichol), para servir

Los nopales pueden ser difíciles de encontrar si no vives en un estado fronterizo o no tienes acceso a un mercado mexicano. Si tienes suerte, encontrarás nopales tiernos, que están llenos de fibra, vitaminas y minerales solubles y reducen el efecto glucémico después de una comida. El relleno es la estrella de esta receta, así es que si no hay nopales a la vista, puedes usar tortillas de maíz para unos resultados igual de deliciosos (aunque no tan bonitos). En mi casa, asamos nopales hasta que están tiernos y un poco chamuscados y los servimos con rebanadas de limón.

Calienta el aceite en una cacerola gruesa y mediana a fuego medio-alto. Agrega el pimiento, la cebolla y el tomate, y saltea por 8 minutos, o hasta que el pimiento esté casi tierno. Agrega el camarón y saltea por 2 minutos o hasta que esté apenas cocido. Sazona el relleno a tu gusto con sal y pimienta, y déjalo a un lado.

Calienta una plancha sobre fuego medio-alto. Utilizando un cuchillo filoso pequeño, con cuidado corta cada nopal por un costado, sin atravesarlo formando un bolsillo parecido al pan de pita. Asa los nopales por 4 minutos por cada lado o hasta que estén tiernos y aparezcan marcas de la parrilla.

Rellena los nopales con la mezcla de camarón, dividiéndola equitativamente y sirve con las rebanadas de limón y la salsa picante.

PESCADO ENTERO EN CORTE MARIPOSA Y SARANDEADO

4 cdas. (½ barra) de mantequilla fría sin sal, en cubos

1 pargo entero, destripado, con la cabeza y la cola intactas

Sal y pimienta negra recién molida

1 cda. de ajo en polvo

1 cdta. de salsa picante embotellada (como Huichol)

2 limones, en mitades, más rebanadas de limón para servir

½ naranja

6 tortillas de maíz de 6 pulgadas

Sarandeado, como técnica, se refiere a asar un pescado limpio a la parrilla en una canasta, volteándolo constantemente de un lado a otro para preservar todos los jugos y sabores antes de que se escurran del pescado. En esta receta usamos el horno, así que no hay necesidad de una canasta para el pescado o siquiera un asador. No obstante, es esencial que uses un pescado en corte mariposa apropiadamente (la piel impide que los jugos se escurran y da lugar a un pescado jugoso y suculento). Te sugiero seriamente que le pidas al pescadero que lo haga por ti.

Calienta el horno a 350°F.

Cubre una bandeja grande para horno con papel de aluminio y puntea con la mitad de la mantequilla.

Parte el pescado casi a la mitad horizontalmente y ábrelo como un libro. Con cuidado corta y remueve la espina.

Coloca el pescado, con la piel hacia abajo, en la bandeja para horno forrada con papel de aluminio. Enrolla las orillas del papel de aluminio para acercarte a la orilla del pescado y crear un borde que impida que los jugos se derramen a la bandeja. Espolvorea el pescado con sal y pimienta, y luego con el ajo en polvo. Salpica la salsa picante sobre el pescado y luego exprime el limón encima. Exprime la mitad de naranja sobre el pescado por todos lados. Después, usando el lado de la cáscara de la naranja, cepilla el pescado completamente para formar una pasta húmeda encima del pescado. Salpica el pescado con el resto de la mantequilla.

Hornea el pescado por 15 minutos, o hasta que esté apenas cocido. Enciende la parrilla del horno y asa el pescado de 8 a 10 minutos, o hasta que se dore. Sirve con tortillas tibias para hacer tacos, y con rebanadas de limón para exprimir sobre el pescado.

BACALAO HORNEADO CON ANCHOAS Y LIMÓN

2 filetes de bacalao de 6 oz., sin espinas

Sal y pimienta negra recién molida

6 rebanadas de limón muy delgadas, más rajitas para servir

8 filetes de anchoa, en rebanadas muy delgadas a lo largo

2 cdas. de aceitunas kalamata deshuesadas, picadas

2 cdas. de alcaparras escurridas, finamente picadas

2 cdtas. de romero fresco machacado

2 cdas. de aceite de oliva

Este es un plato ligero, saludable y inspirado en el Mediterráneo que es súper fácil de preparar y puede estar servido en 20 minutos —fabuloso para una cena para dos en una noche entre semana. Si tienes una multitud (o una familia grande como la mía), siéntete libre de ajustar la receta como corresponda. Un punto sobre las anchoas, que pienso que tienen mala reputación: son, de hecho, un modo maravilloso de agregar sal a un plato o salsa y son muy populares en platos de Baja (como la mundialmente reconocida ensalada César). Las anchoas frescas tienen un sabor más delicado que las enlatadas, pero cualquiera de las dos funciona aquí.

Calienta el horno a 425°F.

Coloca los filetes de bacalao en un molde de vidrio para horno y espolvorea con sal y pimienta. Corona cada filete con 3 rebanadas de limón y luego con las anchoas, dividiéndolas equitativamente. Espolvorea los filetes con las aceitunas, las alcaparras y el romero. Salpica con el aceite de oliva.

Hornea por 18 minutos, o hasta que el pescado esté bien cocido. Sirve con las rajitas de limón.

MIS TACOS DE PESCADO

CREMA DE LIMÓN

⅓ tz. de mayonesa

⅓ tz. de crema agria

⅓ tz. de crema mexicana (ver pág. 70) o crema agria adicional

1 cdta. de cáscara de limón rallado

2 cdas. de jugo de limón fresco

Sal y pimienta negra recién molida

PESCADO

Aceite para freír

1 tz. de harina común

Sal

2 lbs. de filetes de mero sin piel, cortados en tiras de 5 x ½ pulgada

Pimienta negra recién molida

Capeado de cerveza (ver pág. 50)

De 12 a 16 tortillas de maíz (ver pág. 59) de 6 pulgadas, calientes

2 tz. de repollo rallado

Salsa de tomatillo (ver pág. 183)

Chiles jalapeños en escabeche de lata (opcional)

He comido más de mi ración de tacos de pescado al vivir en Baja. Pero la playa está a media hora en carro de mi casa, así que tenía la misión de encontrar una receta de tacos de pescado que pudiera preparar en casa —una que fuera tan deliciosa y auténtica como el taco que sirven en mi puesto favorito en Rosarito. Esto es lo que inventé —y me da gusto decir que ¡sí compite!

Para preparar la crema de limón, bate la mayonesa, la crema agria y la crema mexicana en un recipiente mediano. Incorpora la cáscara de limón, el jugo de limón y 2 cucharadas de agua. Sazona la salsa de crema con sal y pimienta a gusto (la salsa puede prepararse 3 días antes. Cubre y refrigera).

Para cocinar el pescado, agrega suficiente aceite a una sartén grande para alcanzar una profundidad de 1 pulgada. Calienta el aceite a 350°F.

Mezcla la harina y 1 cucharadita de sal en un plato y revuelve para combinar. Espolvorea los pedazos de pescado con sal y pimienta por todas partes, y luego cúbrelos con la harina preparada.

Trabajando en tandas, voltea los pedazos de pescado enharinados en el capeado de cerveza, cubriéndolos por ambos lados. Fríelos en el aceite caliente por 5 minutos, o hasta que el pescado esté dorado y bien cocido. Pasa a toallas de papel absorbente para escurrir.

Prepara tacos con las tortillas y el pescado, coronando cada uno con un poco de la crema de limón, repollo rallado, salsa de tomatillo y jalapeños en escabeche, si lo deseas.

MICHELADAS Y MARISCOS PICANTES SON EL REMEDIO COMÚN PARA UNA MALA RESACA. PARA PREPARAR UNA MICHELADA, CONGELA UN TARRÓN DE CERVEZA; LUEGO, HUMEDECE LA ORILLA CON JUGO DE LIMÓN Y CÚBRELA CON SAL. AGREGA HIELO Y ¼ DE TAZA DE JUGO FRESCO DE LIMÓN. AGREGA CERVEZA Y BEBE ANTES DE QUE EL HIELO SE DERRITA.

CHILES RELLENOS DE ATÚN DE LA TÍA LAURA

¾ tz. de zanahorias rebanadas

2 latas de 6 oz. de atún de albacora en agua

3 cdas. de mayonesa

1 tz. de arvejas frescas (de 1 lb. con cáscara)

½ tz. de granos de maíz frescos (de 1 mazorca)

Sal y pimienta negra recién molida

⅔ tz. de aceite de oliva

2 cebollas rojas pequeñas, en rebanadas delgadas

2 dientes de ajo

⅔ tz. de vinagre blanco destilado

2 hojas de laurel

2 cdtas. de orégano seco desmoronado

8 chiles Anaheim, chamuscados, pelados, sin tallo, sin semilla, enteros para rellenar (ver pág. 35)

Sí, uso atún de lata para esta receta, y te va a encantar. Generalmente prefiero ingredientes frescos sobre artículos empaquetados, pero estos chiles rellenos hacen que valga la pena romper la regla. El sabor suave de la albacora enlatada permite que el sabor de las cebollas curtidas brille. Mi tía Laura, quien me pasó esta receta, la prepara con chiles enlatados (están disponibles en México, ya chamuscados, pelados y listos para rellenar). Pero para mí, la mitad del éxito de este plato es el exquisito aroma de los chiles chamuscándose en la hornilla. No puedes comprar anticipación enlatada.

Haz hervir una cacerola con agua y sal. Agrega las rebanadas de zanahoria y cocina hasta que estén tiernas pero firmes, aproximadamente 3 minutos. Escurre y deja a un lado para enfriar.

Mezcla el atún, la mayonesa, las arvejas y el maíz en un recipiente pequeño. Sazona a gusto con sal y pimienta, y deja a un lado.

Calienta el aceite en una cacerola grande a fuego medio. Cuando el aceite esté caliente, agrega las cebollas y el ajo, y cocina por 5 minutos, o hasta que las cebollas estén un poco cocidas pero aún crujientes. Agrega ⅔ de taza de agua y el vinagre, y hierve a fuego lento. Añade las zanahorias, las hojas de laurel y el orégano. Hierve a fuego lento por 8 minutos, o hasta que las verduras estén tiernas pero firmes y casi todo el vinagre se haya evaporado.

Rellena los chiles con la mezcla de atún, y acomódalos en un molde de vidrio para horno de 9 x 13 pulgadas. Vierte la mezcla caliente de encurtidos sobre los chiles rellenos, y deja enfriar a temperatura ambiente. Cubre y refrigera por 2 horas o toda la noche. Sirve frío.

POLLO ASADO CON JALAPEÑO Y BRÓCOLI *BABY*

½ tz. (compacta) de orégano fresco

1 chalote

4 dientes de ajo

4 cdas. (½ barra) de mantequilla sin sal

3 cdas. de aceite de oliva

1 chile jalapeño, sin tallo y sin semillas

Sal y pimienta negra recién molida

1 pollo de 5½ lbs. para asar

1½ tz. de caldo de pollo, o más si necesitas

¾ tz. de vino blanco seco

2 lbs. de brócoli *baby* (ver Consejo)

Siempre había un pollo asado en nuestro refrigerador durante mi infancia, pero mentiría si dijera que mi mamá lo cocinaba. Había una rosticería a unas cuadras de mi casa y nos entregaban a domicilio un pollo asado suculento, salsa fresca, tortillas caseras y frijoles charros (parecidos a los frijoles de la página 155 pero con montones de tocino en la mezcla). Todos nos parábamos alrededor de la mesa de la cocina y preparábamos tacos suaves, agregando unas rebanadas de aguacate. Usábamos las sobras para preparar ensalada de pollo, flautas (tacos de pollo enrollados y fritos) o tostadas (tortillas fritas untadas con frijoles refritos, con pollo deshebrado, lechuga *iceberg* en tiras, crema, salsa, rebanadas de aguacate y, en mi casa, unas gotas de aceite de oliva y vinagre de vino tinto encima).

Esta receta es tan fácil y da un pollo tan suculento y lleno de sabor, que dudo que cualquier rosticería en tu barrio pueda hacerle competencia. Y dudo que te sobre algo. Pero si sobra, date vuelo con tortillas, frijoles, aguacate y cualquiera de las salsas en este libro y prepara tacos.

Coloca una rejilla en el centro del horno y precalienta el horno a 400°F.

Mezcla el orégano, el chalote, el ajo, la mantequilla, 2 cucharadas de aceite de oliva, el jalapeño, 1 cucharadita de sal y ½ cucharadita de pimienta en un procesador de alimentos y muele hasta formar una pasta gruesa.

Seca el pollo con palmaditas y colócalo con la pechuga hacia arriba, sobre una rejilla en una sartén para horno grande. Usando tus dedos, afloja la piel de la pechuga, piernas y muslos sin despegarla. Unta la mitad de la pasta de jalapeño por debajo de la piel. Amarra las patas juntas con hilo de cocina. Unta el resto de la pasta de jalapeño en todo el exterior del pollo.

Vierte el caldo de pollo y el vino en la sartén para horno. Asa el pollo por 1 hora, bañando con sus propios jugos cada 20 minutos y agregando más caldo a la sartén si empieza a secarse.

Retira la sartén del horno. Acomoda los brócoli *baby* ajustadamente alrededor del pollo. Rocía la cucharada de aceite de oliva restante sobre el brócoli y espolvorea con sal y pimienta. Asa el pollo con el brócoli *baby*, bañando con los jugos de la sartén, hasta que un termómetro de carne insertado en la parte más gruesa del muslo (pero sin tocar el hueso) registre 160°F, aproximadamente 30 minutos.

Coloca el pollo en una fuente, rodéalo con el brócoli *baby* y sirve.

CONSEJO EL BRÓCOLI *BABY* TAMBIÉN ES LLAMADO BROCCOLINI. NO LO CONFUNDAS CON EL BRÓCOLI RABE, QUE TIENE UN SABOR AMARGO. SI NO PUEDES ENCONTRAR BRÓCOLI *BABY*, USA 2 LIBRAS DE CABEZAS DE BRÓCOLI REGULAR. PÁRTELAS EN CUARTOS, CORTANDO POR EL TALLO Y LA CABEZA FLORAL PARA QUE CADA CUARTO TENGA ALGO DE TALLO ADHERIDO.

POLLO *TANDOORI* CON CILANTRO Y SALSA DE PIÑA ASADA

1½ tz. de yogurt

1 tz. (compacta) de hojas frescas de cilantro

4 dientes de ajo

1 pieza de ½ pulgada de grosor de jengibre fresco, pelado

1½ cdtas. de comino molido

1½ cdtas. de semillas de cilantro (*coriander*) molido

1 cdta. de sal

1 pollo de 4 lbs., partido en 6 pedazos (2 pechugas, 2 muslos, 2 patas)

Salsa de piña asada (ver pág. 173)

Me encanta cocinar al estilo *tandoori*, derivado del horno de arcilla *tandoor* de la India, porque el pollo queda increíblemente húmedo y jugoso, hasta después de asarlo. Para darle una nueva vida al adobo tradicional basado en yogurt, yo agrego sabores más autóctonos de México y sirvo este plato junto con una salsa de piña y chile serrano.

Mezcla el yogurt, el cilantro fresco, el ajo, el jengibre, el comino, las semillas de cilantro y la sal en un procesador de comida o licuadora, y mezcla hasta que esté suave. Pasa el adobo a un recipiente grande. Agrega las piezas de pollo y voltea para cubrir. Cubre y refrigera toda la noche.

Prepara un asador a fuego medio-alto.

Retira el pollo del adobo, eliminando el exceso. Desecha el adobo. Asa el pollo por 12 minutos por cada lado, o justo hasta que esté bien cocido. Pasa el pollo a una fuente, corona con la salsa y sirve.

GALLINA DE GUINEA EN ALBARICOQUE, TEQUILA Y SALSA DE CHILE CALIFORNIA

3 tz. de caldo de pollo, o más si lo necesitas

2 cdas. (¼ de barra) de mantequilla sin sal, derretida

4 cdas. de tequila reposado

2 gallinas de Guinea de 2 lbs., descongeladas

3 chiles California, sin tallo y sin semillas

½ tz. de conservas de albaricoque

Sal y pimienta negra recién molida

Mitades de albaricoque fresco, para decorar

Esta es una de mis recetas favoritas de toda la vida. Viene de mi tía Marcela, una chef que me inspiró a entrar al mágico mundo de las artes culinarias. No solamente compartimos el mismo nombre y la misma carrera, sino también estamos de acuerdo en que lo dulce y lo picante es una de las mejores combinaciones al preparar comida mexicana.

Las conservas de albaricoque compradas, que se usan aquí, sirven bien; sólo asegúrate de comprar las mejores que puedas encontrar. Una jeringa de cocina es un utensilio muy útil para inyectar las gallinas con la mezcla de caldo, mantequilla y tequila y hacer de este un plato suculento.

Precalienta el horno a 350°F.

Mezcla ½ taza del caldo, las 2 cucharadas de mantequilla derretida y 2 cucharadas del tequila en un recipiente de vidrio chico. Utilizando una jeringa de cocina, inyecta la mezcla por todos lados en las gallinas, aproximadamente a ½ pulgada de profundidad en la carne. (Si la mantequilla se solidifica, caliéntala en el microondas.)

Coloca los chiles y 2 tazas del caldo en una olla chica y hazlo hervir sobre fuego alto. Retira la olla del fuego. Deja reposar por 5 minutos para que se suavicen los chiles. Luego pasa la mezcla a una licuadora y hazla puré hasta que esté suave. Cuela la mezcla de chile a un tazón chico, presionando en el cedazo para extraer la mayor cantidad de líquido posible. Desecha lo que haya quedado en el cedazo.

RECETA CONTINÚA

Mezcla ¼ de taza de las conservas y ¼ de taza de la mezcla de chile en un recipiente mediano. Sazona generosamente con sal y pimienta. Frota la mezcla por todos lados sobre las gallinas, untando una parte de la mezcla entre la piel y la pechuga. Coloca las gallinas sobre una rejilla en una cacerola grande para asar. Agrega la ½ taza de caldo restante a la cacerola.

Asa, rociando con sus propios jugos cada 20 minutos, por 1 hora, o hasta que un termómetro insertado en un muslo registre 160°F. Añade más caldo si los jugos empiezan a secarse.

Pasa las gallinas a una fuente. Vierte los jugos de la olla a una cacerola mediana. Agrega las 2 cucharadas de tequila restantes, ¼ de taza de las conservas de albaricoque y la mezcla de chile. Hazlo hervir sobre fuego alto. Reduce el fuego y calienta a fuego lento por 5 minutos, o hasta que la salsa se espese ligeramente. Sazona con sal y pimienta a gusto. Vierte la salsa sobre las gallinas, decora la fuente con los albaricoques frescos y sirve.

MOLE FÁCIL DE POLLO

POLLO

1 pollo entero de 3½ lbs.

2 cebollas, en cuartos

2 zanahorias, picadas

2 tallos de apio, picados

4 dientes de ajo

2 hojas de laurel

SALSA DE MOLE

5 chiles pasilla, sin tallo y sin semillas

2 cdas. de aceite de oliva

2 tz. de cebolla picada

2 dientes de ajo, finamente picados

3 cdas. de crema de cacahuate suave

2 tostadas de maíz (ver pág. 23) asadas y cortadas en trozos

1 cda. de azúcar

1 cdta. de orégano seco desmoronado

5,5 oz. de chocolate Ibarra (ver pág. 117), picado

Sal y pimienta negra recién molida

Estoy un poco obsesionada con el mole (el plato nacional de México, también conocido como mole poblano). Hasta fui a visitar su lugar de nacimiento, el Convento de Santa Rosa en la bella ciudad colonial de Puebla. El mole tradicional tarda días en prepararse y es tan maravilloso y multinivel como la más compleja salsa francesa. Aquí tienes una versión mucho más fácil con resultados casi auténticos en cuanto a sabor. Haz un pequeño experimento y prueba tu mole justo antes de agregar el chocolate y justo después de haberlo agregado. Si no entiendes lo que significa cuando los glotones hablan de "la profundidad del sabor", lo entenderás cuando hagas esta comparación. A mi bisabuela, a mi abuela, a mi madre y a mí nos gusta espolvorearlo con bastante azúcar adicional y una cucharada de crema agria una vez que está servido. Puedes hacer la salsa por sí sola y utilizarla para unas impresionantes enchiladas, o hacer como yo cuando era niña: unas cuantas cucharadas de mole sobre arroz mexicano y a comer.

Para cocinar el pollo, combina el pollo, las cebollas, las zanahorias, el apio, el ajo y las hojas de laurel en una olla gruesa y grande. Agrega 12 tazas de agua y hazlo hervir a fuego alto. Reduce el fuego a medio y cocínalo hasta que el pollo esté bien cocido, aproximadamente 45 minutos. Pasa el pollo a un recipiente grande y déjalo enfriar. Corta el pollo en 6 piezas y déjalas a un lado.

Cuela el caldo en una cacerola grande (desecha las verduras) y lleva a hervir sobre fuego alto hasta que se reduzca a 3 tazas, aproximadamente 1 hora. Retira del fuego.

RECETA CONTINÚA

Para hacer la salsa de mole, mide 1¼ de taza del caldo reducido y recalienta (de ser necesario). Remoja los chiles en el caldo por 15 minutos. Escurre bien y desecha el caldo.

Calienta el aceite en una cacerola gruesa y grande sobre fuego medio. Agrega la cebolla y el ajo, y saltea por 5 minutos, o hasta que esté translúcida. Pasa la mezcla a una licuadora y agrega los chiles, 1½ taza de caldo restante, la crema de cacahuate, las tostadas, el azúcar y el orégano. Licua hasta que esté muy suave. Pasa la salsa a una cacerola y hazla hervir a fuego alto. Reduce el fuego a medio, tapa y deja cocinar por 20 minutos.

Agrega el chocolate al mole y sazona a gusto con sal y pimienta. Agrega las piezas de pollo cocido y revuelve hasta que el pollo esté bien caliente, aproximadamente 5 minutos. Sirve.

CHOCOLATE IBARRA

Con sabor a canela, almendras y vainilla, el chocolate Ibarra está disponible en los mercados mexicanos y en algunos supermercados. El chocolate mexicano tiene una textura mucho más granulada que otros chocolates. Se utiliza en la preparación del chocolate caliente y en ciertas especialidades tales como Estofado de costillas con chile ancho y chocolate (para una versión rápida, ver pág. 128). Una onza de chocolate semidulce, ½ cucharadita de canela molida y una gota de extracto de almendra pueden sustituirse por 1 onza de chocolate mexicano.

MOLCAJETE MAR Y TIERRA

½ pechuga de pollo, deshuesada y sin piel

4 oz. de arrachera (*flank steak*)

8 camarones gigantes crudos, pelados y desvenados

Sal y pimienta recién molida

6 cebollines

3 cdas. de aceite de oliva

¼ de cebolla

1½ tomates enteros

2 dientes de ajo

2 chiles California, sin tallo, sin semillas y cortados en trozos

2 chiles anchos, sin tallo, sin semillas y cortados en trozos

2 chiles de árbol secos, sin tallo, sin semillas y cortados en trozos

1 cda. de orégano seco desmoronado

1 cda. de semillas de comino

1 cdta. de consomé de tomate en polvo (*bouillon*)

2 rebanadas de queso panela

6 a 8 tortillas de maíz de 6 pulgadas, calientes (ver pág. 59)

Este es un plato muy simple pero con una presentación impresionante, y va con cualquier combinación de carne, pescado, ave o verdura a la parrilla. El molcajete es un mortero hecho de piedra volcánica que se utiliza comúnmente con una piedra para hacer salsas frescas. Debido a que está hecho con una piedra natural, tiene una excelente capacidad para conservar el calor y mantener el plato caliente, y es como lo utilizo en esta receta. Si no tienes dos molcajetes, los tazones de barro resistentes al calor de horno (del tamaño de un tazón de cereal) son un sustituto aceptable.

Prepara un asador o un comal para asar a fuego medio-alto.

Espolvorea el pollo, la carne y los camarones con sal y pimienta. Asa el pollo hasta que esté bien cocido, aproximadamente 6 minutos por lado. Pasa el pollo a una fuente y cubre con papel de aluminio para mantener caliente.

Asa la carne al término deseado, aproximadamente 5 minutos por lado para un término medio. Agrégala a la fuente.

Asa los camarones justo hasta que se cosan, aproximadamente 3 minutos por lado. Agrégalos a la fuente.

Asa los cebollines hasta dorar, aproximadamente 3 minutos por lado. Agrégalos a la fuente.

Calienta 2 cucharadas del aceite en una cacerola gruesa y grande sobre fuego medio-alto. Agrega la cebolla, los tomates y el ajo y cocínalos por 8 minutos, o hasta que la cebolla esté dorada. Agrega los tres tipos de chiles, el orégano, el comino y el consomé de tomate en polvo y revuelve por 2 minutos, o hasta que esté fragante. Agrega 1 taza de agua a la cacerola y hazla hervir. Reduce el fuego a medio-bajo y cocina por 2 minutos, o hasta que

RECETA CONTINÚA

los chiles estén suaves. Deja enfriar ligeramente la mezcla. Pasa la mezcla a una licuadora, agrega 1 taza de agua y licua hasta que esté suave. Cuela la salsa a un recipiente mediano.

Calienta la cucharada de aceite restante en la misma cacerola sobre fuego medio. Regresa la salsa a la cacerola y cocina por 2 minutos, o hasta que la salsa se espese ligeramente. Sazona la salsa a tu gusto con sal y pimienta. (La salsa se puede preparar con 1 día de anticipación. Enfría, cubre y refrigera. Hazla hervir antes de continuar.)

Precalienta el horno a 350°F.

Coloca dos molcajetes en el horno y caliéntalos por 10 minutos. Utilizando guantes para horno, retíralos del horno y colócalos sobre una superficie resistente al calor (con cuidado ya que se encuentran extremadamente calientes).

Corta el pollo y la carne en tiras de ¾ de pulgada de ancho. Acomoda las tiras de pollo y carne, los camarones, los cebollines y las rebanadas de queso panela alrededor de las orillas de los molcajetes. Vierte la salsa hirviente en el centro. Sirve muy caliente, con tortillas para hacer tacos.

QUICHE DE CHORIZO

aceite en aerosol

1½ tz. de harina común, más otro poco para amasar

¼ cdta. de sal

8 cdas. (1 barra) de mantequilla sin sal, fría, en cubos

6 oz. de chorizo crudo sin envoltura

5 huevos grandes

½ tz. de leche entera

½ tz. de crema espesa

1½ tz. de queso Emmenthal rallado (aproximadamente 6 oz.)

1 tz. de papa cocida, cortada en cubos

Esta es mi interpretación del plato mexicano tradicional de chorizo salteado y papas cocidas, que comúnmente se come con tacos o con queso fundido. En México, el chorizo, las papas y el queso siempre van juntos. Pero mi parte favorita del plato es la corteza; es perfecta para cualquier *quiche*. Tranquila, no tienes que hacer la corteza tu misma; está igual de buena con la que compras en el mercado.

Rocía un molde de vidrio para tartas de 9 pulgadas con aceite en aerosol.

Mezcla la harina y la sal en un procesador de alimentos. Agrega la mantequilla y pulsa para formar una pasta con textura arenosa. Con el motor encendido, añade 6 cucharadas de agua fría en un chorro lento, procesando hasta que la masa se incorpore. Luego forma una pelota con la masa y colócala sobre una superficie enharinada. Amasa para formar una esfera de 12 pulgadas. Pasa la masa al molde para tartas preparado. Amasa las orillas entre tus dedos para hacer bordes decorativos, quitando cualquier exceso de masa. Congela la masa por 20 minutos.

Precalienta el horno a 425°F.

Cubre la masa con papel aluminio y llénala con pesas para tartas o frijoles secos crudos. Hornea por 15 minutos. Luego retira el papel aluminio y los frijoles y continúa horneando por 5 minutos, o hasta que la masa esté dorada. Deja que enfríe completamente. (La masa se puede preparar con 1 día de anticipación. Cubre y guarda a temperatura ambiente.) Deja el horno encendido.

RECETA CONTINÚA

Cocina el chorizo en una sartén gruesa y mediana a fuego medio por 8 minutos, o hasta que esté seco y crujiente. Deja el chorizo enfriar sobre un plato cubierto con toallas de papel.

Bate los huevos, la leche y la crema en un recipiente grande. Incorpora el chorizo, el queso y la papa. Vierte la mezcla en la base de hojaldre fría. Hornea por 35 minutos, o hasta que el relleno esté esponjoso y al picarlo con un cuchillo en el centro, éste salga limpio. Sirve caliente o a temperatura ambiente, cortado en rebanadas.

CONSEJO EL CHORIZO, COMO TODOS SABEMOS, CONTIENE MUCHA GRASA (¡POR ESO ES TAN SABROSO!). SI QUIERES UNA VERSIÓN MÁS SANA O VEGETARIANA DE ESTE PLATO, UTILIZA CHORIZO DE SOJA. LA SOJA SAZONADA TOMA EL LUGAR DEL PUERCO. ESTÁ DISPONIBLE EN LA MAYORÍA DE LOS SUPERMERCADOS Y MERCADOS LATINOS Y POR LO REGULAR LO ENCUENTRAS REFRIGERADO (A UN LADO DEL CHORIZO REGULAR), CON LOS PRODUCTOS DE SOJA O CONGELADOS. TIENDE A SER UN POCO MÁS JUGOSO, ASÍ QUE COCÍNALO POR UNOS MINUTOS EXTRA.

LOMO DE CERDO ASADO CON GLASEADO DE PIÑA

SALMUERA

½ tz. de sal *kosher*

½ tz. (compacta) de azúcar moreno claro

1 cda. de granos de pimienta negros

1 cda. de semillas de cilantro (*coriander*)

4 hojas de laurel

Cuando se trata de lomo de cerdo, estoy muy a favor de curarlo con salmuera. Tienes que empezar un día antes, pero los resultados finales son suculentos y jugosos.

Para curar el puerco, mezcla la sal, el azúcar morena, los granos de pimienta, las semillas de cilantro, las hojas de laurel y 2 tazas de agua tibia en un recipiente grande. Revuelve hasta que la sal se disuelva. Agrega 6 tazas de agua fría. Agrega el puerco (el puerco debe estar sumergido en el líquido), cubre y refrigera toda la noche.

Para cocer el puerco, precalienta el horno a 400ºF.

Mezcla el ajo, las 2 cucharadas de aceite de oliva, la sal, la pimienta, el tomillo y el romero en un recipiente pequeño. Retira el puerco de la salmuera y sécalo con palmaditas (desecha la salmuera). Unta la mezcla de hierbas sobre el asado de puerco del lado en que no tenga grasa.

Calienta la ½ cucharadita de aceite de oliva restante en una sartén gruesa y mediana sobre fuego alto. Agrega el puerco, con la grasa hacia abajo, y sella por 4 minutos, o hasta que dore. Cuidadosamente voltea el puerco y sella el lado cubierto con las hierbas por otros 4 minutos, o hasta que dore. Pasa el puerco a un molde de vidrio para horno de 10 x 7 x 2 pulgadas (o cualquier plato en donde quepa, dejando 1 pulgada de orilla). Agrega el vino a la misma sartén que utilizaste para cocer el puerco, y cocina, raspando la base del molde para remover los pedazos dorados, por 1 minuto o hasta que casi se evapore. Incorpora el jugo de piña y retira del fuego. Vierte la mezcla sobre el puerco y acomoda las cebollas perlas alrededor del puerco.

PUERCO

1 lomo de cerdo, corte central, deshuesado (aproximadamente 3½ lbs.)

5 dientes de ajo, finamente picado

2 cdas. más ½ cucharadita de aceite de oliva

1 cda. de sal

½ cdta. de pimienta negra recién molida

2 cdtas. de tomillo fresco, picado

2 cdtas. de romero fresco, picado

⅓ tz. de vino blanco seco

1 tz. de jugo de piña

1 lb. de cebollas perlas, peladas

Asa el puerco, bañándolo con sus jugos cada 20 minutos, hasta que un termómetro insertado al centro registre 150ºF, aproximadamente 1 hora y 40 minutos. Pasa el puerco a una tabla de cortar, tápalo con papel de aluminio y déjalo reposar por 10 minutos. Luego, corta el puerco en rebanadas de ¼ a ½ pulgada de grosor y corónalas con las cebollas perlas y la salsa.

COCHINITA PIBIL
PUERCO FROTADO CON ACHIOTE Y JUGO DE NARANJA, Y HORNEADO EN HOJAS DE PLÁTANO

2 cdas. de pasta de achiote (annatto) (ver pág. opuesta)

½ tz. de jugo fresco de limón

1½ tz. de jugo fresco de naranja

¼ cdta. de orégano seco desmoronado

2 dientes de ajo, finamente picados

2 cdtas. de sal

4 lbs. de espaldillo de puerco, cortada en pedazos de 2 pulgadas

2 hojas de plátano (ver pág. 95) de 4 a 5 pies de largo, más otro poco para decorar

8 cdas. (1 barra) de mantequilla, sin sal, derretida

12-16 tortillas de maíz de 6 pulgadas

Cebollas curtidas (ver pág. 186)

Lo que más me gusta de México es que todo tiene una historia. En esta receta la palabra *pibil* viene de una palabra maya que significa "hoyos cubiertos de piedra", que se utilizaban para cocinar bajo tierra. Ahora pibil se refiere a la técnica de cocer al vapor la carne en un plato sellado dentro del horno. En Yucatán, de donde viene este plato, se prepara con naranjas Sevilla, que son ácidas y amargas. Estas naranjas no están disponibles en otras áreas, incluyendo Baja, así que aquí nosotros le agregamos jugo de limón para darle ese toque distintivo.

Mezcla la pasta de achiote, el jugo de limón, el jugo de naranja, el orégano, el ajo y la sal en un recipiente grande para formar un adobo. Agrega el puerco y revuelve para cubrir. Cubre y marina en el refrigerador por mínimo 4 horas o toda la noche.

Precalienta el horno a 325ºF.

Enciende una hornilla de la estufa a fuego medio-alto. Trabajando con una a la vez, muy despacio pasa la hoja de plátano entera directamente sobre la llama hasta que la hoja esté opaca y flexible. Entrecruza las hojas de plátano en la base de un horno holandés o en una olla pesada y grande (saldrán colgando de las orillas). Coloca el puerco, con toda la pasta, dentro de la olla. Vierte la mantequilla derretida sobre el puerco. Envuelve con las hojas de plátano la parte superior humedeciendo las hojas con unas cuantas cucharadas de agua (para evitar que se quemen). Cubre la olla con papel de aluminio y luego con su propia tapadera. Hornea por 2½ horas, o hasta que el puerco esté muy tierno y se desprenda solo.

Haz tacos usando las tortillas, el puerco y las cebollas curtidas. Colócalos sobre una fuente decorada con las hojas de plátano adicionales, si lo deseas.

PASTA DE ACHIOTE

Yo utilizo pasta de achiote para todo, desde para preparar marinados y darle sabor a la mantequilla, hasta para pintar el arroz. También se usa para dar color al queso, margarina y pescado ahumado. Este producto almizclado (llamado annatto en estado de semilla) está disponible en los mercados latinoamericanos, españoles y los mercados hindúes del este.

ESTOFADO DE COSTILLAS CON CHILE ANCHO Y CHOCOLATE

5 lbs. de costillas de res de 2 a 3 pulgadas, con hueso (ver Consejo)

2 cebollas en cuartos

10 dientes de ajo, apachurrados con el lado de un cuchillo

1 hoja de laurel

1 cda. de granos de pimienta negra

Sal

2 tomates

1 cabeza de ajo, envuelta en papel aluminio

4 cdas. de aceite de oliva

Pimienta negra recién molida

15 chiles anchos, sin tallo, sin semillas y cortados en trozos

1 cdta. de comino en polvo

2 cdtas. de orégano seco desmoronado

2 oz. de chocolate Ibarra (ver pág. 117; ⅔ de un disco de 3,1 oz.)

El chocolate y los chiles se han acompañado por siglos en México. El chocolate caliente con infusión de chile ancho era un trago reservado para la realeza, que se creía daba fortaleza y virilidad. El combo es especialmente sabroso con costillas de res. Puedes sustituir el chocolate amargo por chocolate mexicano; sólo agrega una pizca de azúcar y canela y unas cuantas gotas de extracto de almendra, los ingredientes que hacen único al chocolate mexicano.

Mezcla las costillas, una de las cebollas, los dientes de ajo, la hoja de laurel, los granos de pimienta y la cucharada de sal en una olla grande y gruesa. Agrega agua hasta cubrir y hazlo hervir sobre fuego alto. Reduce el fuego a medio-bajo y cocina, destapado, por 1½ horas, o hasta que la carne esté bien cocida.

Mientras tanto, precalienta el horno a 400ºF.

Acomoda la cebolla restante, los tomates y la cabeza de ajo en una bandeja para horno. Rocía la cebolla y los tomates con 2 cucharadas del aceite de oliva y espolvorea generosamente con sal y pimienta. Asa por 1 hora, o hasta que las verduras estén tiernas y doradas en partes y la cabeza de ajo esté tierna al picarla. Déjalos enfriar ligeramente. Pasa los tomates y la cebolla a una licuadora. Desprende los ajos de su cáscara y pasa a la licuadora y licua hasta que esté suave. Pasa el puré de tomate a un recipiente mediano y déjalo a un lado.

RECETA CONTINÚA

CONSEJO LAS COSTILLAS DE RES PUEDEN COMPRARSE CON HUESO O DESHUESADAS. YO PREFIERO LAS PIEZAS CON HUESO PORQUE OBTIENES MAYOR SABOR CUANDO COCINAS LA CARNE EN EL HUESO, ESPECIALMENTE EN PLATOS DE ESTOFADO COMO ÉSTE.

Cuando las costillas de res estén bien cocidas, escúrrelas, dejando la carne y el líquido aparte; desecha las verduras y los sazonadores.

Coloca los chiles anchos en un recipiente mediano y cubre con 3 tazas del líquido tibio reservado. Deja reposar por 15 minutos, o hasta que los chiles estén suaves. Pasa los chiles y el líquido a una licuadora y hazlos puré hasta que formen una pasta (no es necesario limpiar la licuadora ya que todo es para la misma salsa).

Calienta las 2 cucharadas de aceite de oliva restantes en una olla gruesa y grande sobre fuego medio-alto. Agrega la pasta de chile ancho y cocina por 3 minutos. Añade el puré de tomate y 3 tazas del líquido reservado restante. Incorpora el comino y el orégano, y luego las costillas cocidas. Haz hervir la salsa. Reduce el fuego a medio y cocina, sin tapar, por 1¾ de hora, o hasta que la carne esté muy tierna (agregando más líquido reservado si la salsa está demasiado seca).

Incorpora el chocolate hasta que se derrita. Sazona la salsa con sal y pimienta a gusto. Con una cuchara lleva la carne y la salsa a tazones poco profundos, y sirve.

SALPICÓN
ENSALADA FRÍA DE CARNE DESHEBRADA

2 lbs. de falda de res (*brisket*), sin hueso

1 cebolla grande en cuartos

Sal

¾ tz. de aceite de oliva

6 cdas. de vinagre blanco destilado

¼ tz. de jugo fresco de limón

¼ tz. de cebolla morada, finamente picada

2 cdas. de orégano seco desmoronado

Pimienta negra recién molida

1 tz. de tomate, picado, sin semillas

1 tz. de pepino, pelado, picado, sin semillas

½ tz. de alcaparras, escurridas

¼ tz. de cilantro fresco, picado

4 rábanos, finamente picados

24 tostadas (ver pág. 23)

3 aguacates, en mitades, deshuesados, pelados y en rebanadas

Salsa de chile embotellada (tipo Huichol)

Esta ensalada de carne deshebrada es perfecta para un grupo de personas o para una familia que no le importe comer sobras. De hecho, sabe mejor uno o dos días después de haberse preparado, cuando los sabores han tenido más tiempo para combinarse. Aunque las alcaparras no se encuentran tradicionalmente en el salpicón, yo creo que van perfecto en este plato veraniego, agregando un toque de sal.

Coloca la falda de res en una olla grande y agrega suficiente agua para cubrir la carne por 1 pulgada. Agrega los pedazos de cebolla y ¼ de taza de sal. Hazlo hervir. Luego reduce a fuego medio y cocina con la olla parcialmente tapada, por 2½ horas, o hasta que la carne esté muy tierna (agrega más agua de ser necesario para mantener la carne cubierta). Retira la olla del fuego y deja la carne enfriar a temperatura ambiente en el líquido. Escurre la carne, deshecha el agua y cubre ajustadamente con envoltura de plástico. Refrigera la carne. (La carne se puede preparar con 1 día de anticipación.)

Mientras tanto, prepara la vinagreta batiendo el aceite de oliva, el vinagre, el jugo de limón, la cebolla morada y el orégano en un recipiente mediano. Sazona la vinagreta con sal y pimienta.

Deshebra la carne fría en un recipiente grande. Agrega el tomate, el pepino, las alcaparras, el cilantro y los rábanos, y revuelve para combinar. Añade la vinagreta y revuelve para cubrir. Sazona el salpicón con sal y pimienta adicional de ser necesario. Con una cuchara sirve el salpicón sobre una tostada y decora con las rebanadas de aguacate. Sirve con la salsa picante.

OSSOBUCO DON TONY

2 piernas de ternera (aproximadamente 2 lbs. en total)

Sal y pimienta negra recién molida

½ tz. de harina común

3 cdas. de aceite de oliva

1 tz. de cebolla, picada

½ tz. de zanahoria, picada

½ tz. de apio, picado

2 chiles anchos, sin tallos, sin semillas, cortados en trozos

4 dientes de ajo; 2 finamente picados, 2 enteros

1 tz. de vino blanco seco

1 lata de 14,5 oz. de tomates pelados, en su jugo

½ tz. de caldo de res

4 cdas. de ralladura de cáscara de limón (de 6 a 8 limones)

⅓ tz. (compacta) de hojas de cilantro fresco

Mi papá, Antonio (conocido como Tony), fue la inspiración para este plato. Como la de un pintor, su vida culinaria está marcada por distintos periodos. Cuando atravesó un periodo de *ossobuco*, decidí que si iba a preparar mucho *ossobuco*, sería un *ossobuco* mexicano, con un poco de limón, chiles, cilantro y ajo.

Precalienta el horno a 350ºF.

Sazona las piernas de ternera con sal y pimienta por todos lados. Coloca la harina en un plato y cubre la ternera con harina, sacudiendo el exceso.

Calienta el aceite en una olla gruesa y grande sobre fuego medio-alto. Agrega la ternera y cocina por 5 minutos de cada lado, o hasta que esté dorada por todos lados. Pásala a un plato.

Agrega la cebolla, la zanahoria, el apio, los chiles y el ajo picado a la misma olla. Cocina por 3 minutos, o hasta que las verduras empiecen a dorarse. Agrega el vino y hazlo hervir, raspando los pedazos dorados. Cocina por 2 minutos, o hasta que se reduzca ligeramente. Incorpora los tomates enlatados con su jugo, el consomé de res y las 3 cucharadas de ralladura de limón.

Regresa la ternera a la olla e introdúcela en la salsa. Haz hervir la salsa y después apaga el fuego. Tapa la olla ajustadamente, y cuidadosamente llévala al horno. Cocina las piernas de ternera por 2 horas, o hasta que estén tiernas.

Destapa la olla y continúa cociendo en el horno por 25 minutos, o hasta que la salsa se espese. Mientras tanto, mezcla el cilantro, los dientes de ajo enteros y la cucharada restante de ralladura de limón en el procesador de alimentos y pulsa 5 a 6 veces, o hasta que esté finamente picado.

Pasa las terneras a una fuente. Sazona la salsa con sal y pimienta a tu gusto y viértela sobre las piernas de ternera. Espolvorea generosamente la mezcla de cilantro sobre el *ossobuco*, y sirve.

COSTILLAR DE CORDERO CON CORTEZA DE CHILE ANCHO

1 chile ancho, sin tallo y sin semillas

4 cdas. (½ barra) de mantequilla sin sal

3 chalotes grandes, finamente picados

2 cdtas. de tomillo fresco, picado

1½ tz. de pan molido fresco hecho de pan francés

Sal y pimienta negra recién molida

1 cda. de aceite de oliva

2 costillares de cordero bien cortados (aproximadamente 1¼ de lb. cada uno)

3 cdtas. de mostaza Dijon

Mermelada de jalapeño comprada

El chile ancho es un chile poblano seco, perfecto para agregar un poco de picante a esta corteza de pan molido. Si no tienes un molinillo de especias, un molinillo de café limpio sirve muy bien (muele el chile primero y luego haces el pan molido en el molinillo para limpiarlo). La mermelada de menta tradicional funciona bien como acompañamiento, pero a mí me gusta sorprender a mis invitados con una mermelada de jalapeño, que puedes encontrar en los mercados latinos o en supermercados bien surtidos.

Rompe el chile en pedazos pequeños y colócalos en el molinillo. Muele el chile hasta hacerlo polvo.

Derrite la mantequilla en una sartén gruesa y grande sobre fuego medio-alto. Agrega los chalotes y el tomillo, y saltea por 3 minutos, o hasta que los chalotes estén suaves. Agrega el chile en polvo y revuelve. Agrega el pan molido y cocina por 5 minutos, o hasta que el pan se dore. Retira del fuego y sazona con sal y pimienta a gusto. Deja que el pan se enfríe.

Precalienta el horno a 400ºF.

Calienta el aceite en una sartén gruesa y grande sobre fuego alto. Sazona los costillares de cordero por todos lados con sal y pimienta. Trabajando en tandas, agrega los costillares a la sartén, con la parte redondeada hacia abajo. Sella por 6 minutos, o hasta que se doren. Pasa los costillares a una bandeja grande para horno, con la parte sellada hacia arriba. Unta 1½ cucharaditas de la mostaza sobre cada costillar. Presiona el pan en la mostaza.

Ásalos por 20 minutos para término medio-crudo, o hasta el término deseado. Retíralos del horno y deja reposar por 5 minutos antes de rebanar en chuletas. Sirve con mermelada de jalapeño encima, si lo deseas.

GNOCCHI DE BATATA CON MANTEQUILLA DE SALVIA

1 lb. de batatas

2 cdas. de queso parmesano recién rallado, más otro poco para servir

⅛ cdtas. de nuez moscada en polvo

1¼ tz. de harina común aproximadamente, más otro poco para amasar

4 cdas. (½ barra) de mantequilla sin sal

2 dientes de ajo, finamente picados

¼ tz. de salvia fresca, picada

Sal y pimienta negra recién molida

El preparar tu propio *gnocchi* no es tan difícil o tardado como podrías pensar. ¡No temas intentarlo! Las batatas, un ingrediente mexicano favorito, le da a la masa para estos *gnocchi* una dulzura muy sutil y nutrientes agregados (las batatas son ricas en fibra y en vitaminas A, B y C). Una salsa sencilla de mantequilla de salvia es todo lo que necesitas para completar este plato tan satisfactorio.

Precalienta el horno a 400°F.

Envuelve las batatas en papel de aluminio, colócalas directamente en la rejilla del horno, y hornea por 30 minutos, o hasta que estén tiernas al picarlas con una brocheta. Deja enfriar ligeramente. Luego pélalas y pásalas por un machacador de papas a un recipiente grande (si no tienes un machacador de papas, puedes machacarlas con un tenedor). Deja que el puré de batata se enfríe completamente.

Incorpora el queso parmesano y la nuez moscada al puré de batatas. Incorpora suficiente harina para formar una masa firme y ligeramente elástica. Pasa la masa a una superficie ligeramente enharinada. Divide la masa en 4 porciones iguales. Utilizando tus manos, con delicadeza enrolla una porción sobre la superficie para formar una cuerda de ½ pulgada de grosor. Corta de manera atravesada en piezas de ½ pulgada. Rueda cada pieza sobre los dientes de un tenedor para formar los surcos. Acomoda los *gnocchi* en una sola capa en una bandeja para horno enharinada. Repite con las 3 porciones de masa restantes.

Lleva a hervir una olla grande de agua con sal. Trabajando en 2 tandas, cocina los *gnocchi* en el agua hirviente por 4 minutos, o hasta que floten y estén tiernos. Utiliza una cuchara con ranuras para pasarlos a una fuente.

Mientras tanto, derrite la mantequilla en una cacerola chica. Agrega el ajo y cocina sobre fuego medio-bajo por 5 minutos, o hasta que el ajo esté fragante. Agrega la salvia y cocina por 2 minutos o hasta que esté crujiente. Espolvorea con sal y pimienta.

Con una cuchara baña los *gnocchi* con la salsa de mantequilla, espolvorea con queso parmesano y sirve.

GUARNICIONES

DÍA DE GRACIAS... ¿UN VIERNES?

Hay una razón por la cual no tengo acento ni en inglés ni en español: mi madre quería que todos sus hijos aprovecharan el hecho de que vivíamos en la frontera entre Estados Unidos y México, y durante nuestros años formativos nos cambiábamos de escuela de un lado para otro, entre San Diego y Tijuana.

Me da gusto decir que gracias a mamá, me puedo cambiar sin trabajo de inglés a español. Pero no tuve tanta suerte cuando se trataba de otras materias en la escuela, como historia. Un año aprendía sobre Benito Juárez y al siguiente, sobre George Washington. Esto llegaba a ser un poco confuso, particularmente cuando se trataba de los días festivos nacionales.

Mi familia está compuesta de americanos y mexicanos. La mitad de nosotros vive en San Diego y la otra mitad en Tijuana, pero todos nosotros celebramos *todos* los días festivos, ya sea tradicionalmente mexicano o americano. Me disfracé para *Halloween* el 31 de octubre, y también tuve el día libre el 1 de noviembre para el Día de los Muertos.

Mis primos de Guadalajara, en el sur de México, estaban perplejos por nuestras tradiciones únicas de días festivos. No tenemos conejitos de Pascua en México, así que buscar huevos que les habían dejado conejos les parecía absurdo. Y, ¿qué diablos es un hada de los dientes? En México, el Ratón Pérez rescataba los dientes caídos de los niños de debajo de las almohadas y dejaba en su lugar cincuenta pesos.

Todo esto me parecía fabulosamente cómico, pero a mi papá, que es un mexicano chapado a la antigua, le costó trabajo acoger los modos de los norteamericanos. No porque tuviera algo en contra de esas tradiciones, sino que ya tenía las suyas y no tenía razón para adoptar nuevas. Por ejemplo, los cumpleaños. Él, de hecho, no los celebra. Su madre, que era extremadamente religiosa, sólo celebraba los santos de sus hijos. Los diecisiete de ellos (si, diecisiete) tenían nombres de santos. Mi amoroso, bueno y generoso padre no tiene ni idea de cuándo es mi cumpleaños, pero siempre recibo una llamada telefónica a las 7 a.m. en el día de Santa Luz, por la cual me llamaron Marcela Luz.

A través de los años hemos tratado de celebrar todos los días festivos, haciendo pequeños ajustes aquí y allá para mantener a todo mundo contento, pero basta decir que, a veces tenemos problemas. El Día de Gracias es el mejor ejemplo de nuestro feliz dilema. Cada año mi papá dice que somos una bola de méxico-americanos confundidos. No celebramos el Día de Gracias en México, así que los niños mexicanos no tienen el viernes después del Día de Gracias libre. Debido a que somos una familia amante del tequila, la música, el baile y los fuegos artificiales (y porque faltar a la escuela no era una opción, según mi papá), no había modo de que pudiéramos celebrar el Día de Gracias en una noche de escuela, así que movimos nuestra celebración anual del Día de Gracias a viernes.

Mi abuelo Eugenio (también chef) y mis tías armaban una comida extravagante que consistía de platos que les habían pasado tanto nuestros ancestros americanos como los mexicanos. En la mesa de buffet, la salsa de arándano estaba junto a los tamales. Las Coles de Bruselas en crema de chile morilla (ver pág. 145) eran un requerimiento de mi papá. En cuanto fui lo suficientemente mayor para ayudar en la cocina (y había adquirido suficiente respeto como cocinera para que me permitieran participar), los platos como el Puré de batata y salvia (ver pág. 157) y la Calabaza de bellota asada con chipotle (ver pág. 152) se convirtieron en favoritos. Era una noche increíble y es uno de los recuerdos más preciados que tengo de mis abuelos y las fiestas en su casa.

Muchas de las guarniciones que verás aquí son adaptaciones de los platos servidos en la mesa del Día de Gracias, o son una fusión de dos o más de esos platos. Como todas las recetas en este libro, tienen el objetivo de presentarte un nuevo modo de ver tus platos e ingredientes favoritos. Confío al decir que son una maravillosa adición a cualquier cena. Especialmente la cena del Día de Gracias. Aunque sea un viernes.

REPOLLO ASADO CON ORÉGANO Y QUESO OAXACA

1 repollo grande, cortado en 12 rebanadas

⅓ tz. de aceite de oliva

2 cdas. de orégano seco desmoronado

2 dientes de ajo, finamente picados

½ cdta. de sal

¼ de cdta. de pimienta negra recién molida

6 oz. de queso Oaxaca o mozzarella, separado en largas tiras de ½ pulgada de grueso

El queso Oaxaca derretido y un poco dorado suaviza el amargo repollo para esta maravillosa guarnición. A mi hijo le encanta con un poco de limón salpicado encima, y a mí me gustan las orillas, donde el queso está crujiente y casi chamuscado. Cuando cortes el repollo, corta en un ángulo de modo que haya un pedazo del centro en cada rebanada; esto va a mantener las hojas individuales juntas. Para una presentación impresionante, crea un entramado con las tiras de queso.

Calienta el horno a 400°F.

Acomoda las rebanadas de repollo, ligeramente traslapadas, en un molde de vidrio para horno de 9 x 13 pulgadas. Mezcla el aceite de oliva, el orégano, el ajo, la sal y la pimienta en un recipiente pequeño. Usando una brocha de repostería, barniza la mezcla de aceite de oliva uniformemente sobre las rebanadas de repollo. Hornea por 30 minutos, o hasta que el repollo se empiece a dorar.

Retira el molde del horno y reduce la temperatura a 350°F.

Acomoda las tiras de queso sobre el repollo, formando un entramado si lo deseas. Hornea por 15 minutos, o hasta que el queso empiece a dorarse. Sirve caliente.

COLES DE BRUSELAS EN CREMA DE CHILE MORILLA

3 cdas. de mantequilla sin sal

2 lbs. de coles de Bruselas, en mitades

1 tz. de caldo de pollo

½ tz. de semillas de girasol tostadas y saladas

3 cebollines (únicamente partes blancas y verde pálido)

1 chile morilla, sin semillas y en rebanadas muy delgadas

½ tz. de crema entera

Sal y pimienta negra recién molida

En realidad *es* bueno comerte tus coles de Bruselas, y esta salsa de crema morilla, preparada con semillas de girasol tostadas, va a hacer un creyente de cualquiera. Mi padre es dueño de un plantío en San Quintín, Baja, donde cosecha y exporta verduras, incluyendo coles de Bruselas. Cuando era chica las traía a casa a cajas llenas —dejándonos a mi madre y a mí pensando en nuevas y emocionantes formas de prepararlas. Esta es mi receta favorita para servir las coles con una comida. Como aperitivo, me encantan cubiertas de un poco de aceite de oliva, sal de mar y pimienta, horneadas hasta que estén crujientes.

Derrite 2 cucharadas de la mantequilla en una cacerola gruesa y grande a fuego medio-alto. Agrega las coles de Bruselas y revuelve por 1 minuto para cubrirlas con la mantequilla. Agrega el caldo, cubre, y cocina a fuego lento por 7 minutos, o hasta que las coles de Bruselas estén tiernas. Destapa y continúa cocinando a fuego lento por 4 minutos, o hasta que todo el caldo se evapore. Pasa las coles de Bruselas a un recipiente mediano.

Derrite la cucharada de mantequilla restante en la misma cacerola. Agrega las semillas de girasol, los cebollines y el chile, y saltea por 2 minutos, o hasta que las semillas estén tostadas y el chile tierno. Incorpora la crema mezclada y lleva a hervir. Reduce el calor, regresa las coles de Bruselas a la cacerola y revuelve para cubrirlas con la crema. Sazona las coles de Bruselas con sal y pimienta a gusto y sirve.

VERDURAS ASADAS EN ESCABECHE

½ tz. de vino blanco seco

½ tz. de vinagre de jerez

½ tz. de aceitunas verdes en salmuera, escurridas, deshuesadas y en mitades

¼ tz. de jugo fresco de naranja

2 cdas. (compactas) de azúcar moreno claro

2 cdas. de jugo fresco de limón

2 cdas. de aceite de oliva, más aceite adicional para barnizar la parrilla

1 cda. de especias para encurtir

1 cdta. de sal

½ cdta. de hojuelas secas de chile rojo

3 pimientos rojos pequeños, sin tallo, sin semillas y cortados en anillos

3 pimientos morrón amarillos pequeños, sin tallo, sin semillas y cortados en anillos

1 cebolla morada, cortada en anillos

2 zanahorias, en rebanadas diagonales muy delgadas

2 calabacines, en rebanadas diagonales muy delgadas

Las verduras en escabeche aparecen en las mesas de muchos restaurantes, bares y casas en todo México. Son fabulosas al lado de carne, encima de quesadillas o solas como aperitivo de la hora feliz.

Prepara un asador o una sartén a fuego medio-alto.

Mezcla el vino, el vinagre, las aceitunas, el jugo de naranja, el azúcar morena, el jugo de limón, el aceite de oliva, las especias para encurtir, la sal y las hojuelas secas de chile rojo en un recipiente grande para hacer el jugo de escabeche.

Barniza el asador ligeramente con aceite de oliva. Asa todas las verduras hasta que estén tiernas pero firmes al morderlas.

Pasa las verduras al recipiente con el jugo de escabeche, y deja enfriar. Refrigera por lo menos 24 horas y hasta 1 semana antes de servir.

MAZORCAS DE MAÍZ ASADAS CON MANTEQUILLA DE JALAPEÑO

2 chiles jalapeños

8 cdas. (1 barra) de mantequilla sin sal, suavizada

1 diente de ajo, finamente picado

2 cdtas. de perejil fresco finamente picado

Sal y pimienta negra recién molida

4 mazorcas de maíz frescas, sin hojas

1 tz. de queso fresco desmoronado

Gracias a Dios, en Tijuana no tenemos que esperar hasta verano para sacar el asador. Uno de los beneficios de eso es que podemos comer mazorcas de maíz asadas cualquier día del año. La mantequilla de jalapeño es fácil de preparar y agrega el acabado perfecto al un tanto chamuscado maíz. Si tienes sobras, guárdala en el refrigerador hasta por una semana; es fabulosa sobre una papa al horno o con judías verdes.

Prepara un asador o sartén a fuego alto.

Asa los jalapeños, dándole vuelta de vez en cuando, hasta que estén chamuscados por todos lados, aproximadamente 10 minutos. Pásalos a una tabla para picar y deja enfriar por 5 minutos (mantén encendido el asador).

Usando un cuchillo pequeño de pelar, pela los jalapeños. Retira y desecha las semillas y venas. Pica toscamente los chiles y transfiérelos a un recipiente mediano. Agrega la mantequilla, el ajo y el perejil y muélelos juntos. Sazona la mantequilla de jalapeño con sal y pimienta a gusto. Coloca un pedazo cuadrado de envoltura de plástico en una superficie de trabajo. Con una cuchara coloca la mantequilla de jalapeño en el centro y enróllala en un cilindro de 1 pulgada de diámetro. Refrigérala por lo menos 30 minutos, hasta que endurezca, o hasta por 1 semana.

Asa el maíz, dándole vueltas de vez en cuando, hasta que esté dorado en partes y los granos estén tiernos, aproximadamente 15 minutos. Pasa las mazorcas de maíz a una fuente. Corona cada una con un poco de la mantequilla de jalapeño, espolvorea con queso fresco y sirve.

CHAYOTES RELLENOS DE CHORIZO

4 chayotes (2 lbs. en total)

3 oz. de chorizo crudo, sin envoltorio

1 tz. de cebolla picada

6 dientes de ajo, finamente picados

2 tz. de queso Manchego rallado (aproximadamente 8 oz.)

Sal y pimienta negra recién molida

¼ tz. de pan molido fresco

El estado de Veracruz es la región principal para el cultivo de chayote, que es una calabaza que se come en todo México y en su momento fue el plato principal de los mayas y los aztecas. En mi familia mucha veces se sirven cocidos, con una rebanada de limón. Aquí se acompañan, en balance perfecto, con un chorizo picante para una guarnición mucho más sabrosa.

Precalienta el horno a 400°F.

Pon a hervir una olla grande de agua con sal. Agrega los chayotes y hierve por 50 minutos, o hasta que estén tiernos cuando los piques con un tenedor. Escurre los chayotes y déjalos enfriar ligeramente. Luego, corta los chayotes a la mitad, quitando y desechando el hueso de cada uno. Con cuidado, quita con una cuchara la pulpa a cada chayote y pásala a un recipiente pequeño. Coloca las cáscaras vacías de cada chayote en una bandeja para horno.

Cocina el chorizo en una sartén mediana, seca, sobre fuego medio-alto por 5 minutos, o hasta que se dore. Agrega la cebolla y el ajo y cocina por 8 minutos, o hasta que la cebolla esté translúcida. Agrega la pulpa del chayote y la mitad del queso Manchego y revuelve para que se incorporen y se derrita el queso. Sazona el relleno a gusto con sal y pimienta, y retira del fuego.

Con una cuchara, rellena cada cáscara de chayote con el relleno, dividiéndolo equitativamente. Corona con el queso Manchego restante y espolvorea con el pan molido. Hornea por 15 minutos o hasta que el queso burbujee.

CALABAZA DE BELLOTA ASADA CON CHIPOTLE

2 calabazas de bellota (*acorn squash*), de 1½ a 1¾ de lb. cada una

2 cdas. de aceite de oliva

2 dientes de ajo, finamente picados

1 cdta. de chile chipotle molido

1 cdta. de sal

1 cdta. de pimienta negra recién molida

Este plato es uno de los sobresalientes en la mesa del Día de Gracias de los Valladolid. El asar la calabaza de bellota (*acorn squash*), o cualquier verdura, carameliza la pulpa y resalta su dulzura natural. Tus verduras van a ser exponencialmente más sabrosas que cuando las hierves o las cueces al vapor.

Precalienta el horno a 400ºF.

Corta la calabaza a la mitad por lo largo. Luego, corta cada mitad de manera transversal en rebanadas de ¾ pulgadas de grosor. Retira y desecha las semillas de las piezas de calabaza. Coloca la calabaza en una bandeja para horno.

Mezcla el aceite de oliva, el ajo, el chipotle molido, la sal y la pimienta en un recipiente pequeño. Vierte la mezcla sobre las piezas de calabaza y revuelve para cubrir.

Asa por 20 minutos, o hasta que la calabaza esté tierna.

TORTA DE MAÍZ

1 cda. de mantequilla sin sal, derretida

12 cdas. (1½ barras) de mantequilla, sin sal, suavizada

1 tz. de azúcar

5 yemas de huevos grandes

8 tz. de granos de maíz frescos (de 8 mazorcas de maíz)

½ tz. de leche entera

6 cdas. de harina común

1 cda. de polvo para hornear

1 cdta. de sal

5 claras de huevos grandes

Cada familia en México tiene su propia versión de esta tradicional torta de maíz. Esta receta clásica es mi favorita. Disfrútala como es, o experimenta con versiones dulces y saladas agregando fruta seca o jalapeños picados. Corona las versiones más dulces con Rajas en crema (ver pág. 188); las versiones saladas son maravillosas con salsas frescas. No importa cómo la hagas, esta delicia mexicana es una guarnición perfecta para una carne asada.

Precalienta el horno a 350°F.

Engrasa un molde de vidrio para horno de 9 x 13 pulgadas con la mantequilla derretida.

Utilizando una batidora eléctrica, bate las 12 cucharadas de mantequilla y el azúcar hasta que la mezcla esté pálida y esponjosa. Añade las yemas de huevo, una a la vez, batiendo muy bien después de cada adición. Deja a un lado, todavía en el recipiente de la batidora.

Mezcla la mitad de los granos de maíz y la mitad de la leche en la licuadora y hazlo puré hasta hacer una mezcla espesa y cremosa. Pásala a un recipiente grande. Repite con los granos de maíz y la leche restante.

Mezcla la harina, el polvo para hornear y la sal en un recipiente pequeño. Agrega, alternando, el puré de maíz y la mezcla de harina a la mezcla de mantequilla, revolviendo muy bien después de cada adición. Pasa la mezcla a un recipiente grande.

Bate las claras de huevo hasta formar picos firmes. Delicadamente incorpora las claras batidas a la mezcla de maíz. Pasa la mezcla al molde preparado y hornea por 1 hora y 20 minutos, o hasta que la parte superior esté dorada y al insertar un palillo al centro éste salga limpio. Deja la torta de maíz enfriar ligeramente. Luego corta en cuadros y sirve calientita.

FRIJOLES DE LA OLLA

3 tz. de frijoles pintos secos

4 dientes de ajo, machacados

¼ de cebolla

2 hojas de laurel

Sal y pimienta negra recién molida

Yo podría sobrevivir fácilmente comiendo sólo tortillas y frijoles por días o hasta semanas. De hecho, en eso consistía mi dieta cuando trabajaba como editora de comida. Estaba un tanto nostálgica y apenas ganaba para pagar la renta a fin de mes, y hay que aceptarlo, los frijoles son baratos. Los frijoles de la olla son sólo eso: frijoles, que vienen directo de la olla a tú plato. Sin sazonadores elegantes, sólo frijoles cocidos perfectamente que son lo máximo en una tortilla caliente con un poco de crema mexicana o crema agria. Siempre tengo una cantidad congelada para sólo calentarlos y servir una rica y muy nutritiva cena, cargada con fibra, que reduce el colesterol, y una buena dosis de proteína, hierro, potasio y vitamina B1.

Mezcla los frijoles, el ajo, la cebolla y las hojas de laurel en una olla mediana. Agrega suficiente agua hasta alcanzar 2 dedos sobre los frijoles (aproximadamente 1½ pulgada). Ponlos a hervir sobre fuego medio-alto. Tápalos y deja que hiervan a fuego lento hasta que los frijoles estén tiernos, aproximadamente 2 horas, agregando más agua si los frijoles absorben mucho líquido (los frijoles deben estar caldosos una vez que estén listos y tener suficiente líquido restante). Sazona los frijoles a gusto con sal y pimienta. Sírvelos con el líquido en que los cocinaste como caldo. O usa una cuchara con ranuras para escurrir el líquido y colócalos sobre una tortilla para tacos suaves. (Los frijoles pueden prepararse con 5 días de anticipación. Enfría, cubre y refrigera. Hierve antes de servir.)

FRIJOLES REFRITOS

1 cda. de mantequilla
sin sal

1 cda. de aceite de oliva

1 chile serrano, sin tallo, a
la mitad y sin semillas

1½ tz. de Frijoles de la olla
(pág. 155), más ½ tz. del
líquido en que se cocieron

Sal y pimienta negra recién
molida

Los frijoles refritos son frijoles de la olla que han sido refritos en un poco de grasa. Debido a que tradicionalmente se cocinan con manteca de cerdo, no son muy conocidos por sus cualidades saludables, pero esta versión usa una porción pequeña de mantequilla y aceite de oliva en su lugar. De todas maneras, vas a tener un plato muy rico en sabor que es perfecto para rellenar tacos o para servir acompañando unos filetes asados. Puedes doblar o cuadruplicar la receta, como lo necesites.

Derrite la mantequilla con el aceite de oliva en una cacerola mediana sobre fuego medio-alto. Agrega el chile serrano y cocina por 1 minuto, o hasta que el chile empiece a tostarse. Añade los frijoles y el líquido. Cocínalo sobre fuego medio, machacando los frijoles frecuentemente, hasta que se forme una pasta gruesa, aproximadamente 10 minutos. Sazona a gusto con sal y pimienta.

PURÉ DE BATATA Y SALVIA

2 lbs. de batatas

1 tz. de leche entera, tibia

8 cdas. (1 barra) de mantequilla sin sal, suavizada

1 cdta. de aceite de oliva

½ tz. de salvia fresca picada

4 dientes de ajo, finamente picados

Sal y pimienta negra recién molida

Las batatas cocinadas en piloncillo (azúcar de caña sin refinar, que se encuentra normalmente en forma de pequeños conos troncados) se venden como dulces en los mercados mexicanos. Son demasiado dulces para mí, pero no niego su versatilidad. Aquí resalto su sabor machacando las batatas con un poco de mantequilla y salvia en un fabuloso plato otoñal que va muy bien con pavo asado. Siéntete libre de utilizar leche descremada en vez de leche entera, si tienes que hacerlo, pero ¡utiliza la barra de mantequilla!

Pon a hervir una olla con agua y sal. Agrega las batatas y hierve por 25 minutos, o hasta que estén tiernas al picarlas con un tenedor. Escúrrelas y déjalas enfriar ligeramente.

Pela las batatas y pasa la pulpa a un recipiente grande. Haz puré con la leche y 7 cucharadas de mantequilla. Deja a un lado.

Derrite la cucharada de mantequilla restante y el aceite en una cacerola chica, gruesa, sobre fuego medio-alto. Añade la salvia y el ajo y cocina por 4 minutos, o hasta que esté fragante. Incorpora esto a la mezcla de las batatas. Sazona el puré a gusto con sal y pimienta. (El puré se puede preparar con 1 día de anticipación y refrigerar. Viértelo en una cacerola sobre fuego medio-bajo, agregando más leche de ser necesario, hasta que se caliente bien.)

ARROZ POBLANO GRATINADO

2 cdas. de aceite vegetal

¼ tz. de cebolla blanca finamente picada

1 tz. de arroz blanco de grano largo

Granos de 2 mazorcas de maíz frescas

2 chiles poblanos, chamuscados (ver pág. 35), sin tallo, sin semillas y picados

¼ tz. de crema mexicana (ver pág. 70) o crema agria

½ tz. de queso Monterrey Jack rallado

Este plato picante de arroz con queso se servía con regularidad en casa de mis padres. También es perfectamente delicioso si decides omitir la crema y el queso y sirves el arroz poblano por sí solo, ahorrándote unas cuantas calorías extras.

Calienta el aceite en una sartén gruesa y mediana sobre fuego medio-alto. Agrega la cebolla y saltea por 5 minutos, o hasta que esté translúcida. Agrega el arroz y cocina por 10 minutos, o hasta que el arroz esté opaco. Añade 2 tazas de agua y los granos de maíz, y hierve. Reduce el fuego a medio-bajo, cubre, calienta a fuego lento por 15 minutos, o hasta que el arroz esté tierno.

Mientras tanto, precalienta el asador a temperatura alta.

Cuando el arroz esté cocido, espónjalo con un tenedor y añade los chiles poblanos picados. Pasa el arroz a un molde de vidrio para horno de 7 x 10 pulgadas. Rocía con la crema y espolvorea el queso sobre el arroz. Ásalo de 8 a 10 minutos, o hasta que la parte de arriba esté dorada y el queso derretido.

ARROZ CON CHILE ANCHO Y PIÑONES

3½ tz. de caldo de pollo

2 chiles anchos, sin tallo y sin semillas

¼ tz. de leche entera

½ cdta. de sal

½ cdta. de pimienta negra recién molida

1 cda. de mantequilla sin sal

1 cda. de aceite de oliva

1 tz. de cebolla picada

2 dientes de ajo, finamente picados

½ tz. de piñones

1½ tz. de arroz de grano mediano

Esta es una de mis formas favoritas de comer arroz: ¡picante y con nueces! Lo picante de los chiles es un balance perfecto para los piñones terrosos. Para suavizar un poco lo picoso, puedes usar un chile ancho en vez de dos, pero te aconsejo que lo intentes con dos la primera vez. Tal vez te sorprenda lo bien que los sabores trabajan juntos. Por el hecho de ser pizcados a mano, los piñones pueden ser caros. Siéntete libre de sustituirlos por almendras rebanadas o picadas.

Hierve el caldo de pollo en una cacerola gruesa y mediana a fuego alto. Agrega el chile ancho y retira del fuego. Déjalo reposar por 15 minutos, o hasta que los chiles estén tiernos.

Coloca los chiles y el caldo en una licuadora y hazlos puré hasta que estén suaves. Cuela a una taza de medir de 4 tazas hasta que mida 2¾ tazas (reserva el puré restante para otro uso). Añade la leche, la sal y la pimienta y deja a un lado.

Derrite la mantequilla y el aceite en una cacerola mediana sobre fuego medio-alto. Añade la cebolla y el ajo y saltea por 3 minutos, o hasta que la cebolla esté translúcida. Agrega los piñones y revuelve por 2 minutos, o hasta que estén dorados. Agrega el arroz y revuelve por 2 minutos, o hasta que esté cubierto por el aceite.

Vierte el puré de chile ancho y calienta hasta hervir. Cubre, reduce a fuego lento y cocínalo por 20 minutos, o hasta que el líquido se absorba. Retira la cacerola del fuego y deja el arroz reposar por 5 minutos. Luego espónjalo con un tenedor y sirve.

CUSCÚS CON DÁTILES Y NARANJAS CON INFUSIÓN DE CHILE DE ÁRBOL

1½ tz. de caldo de verduras

2 chiles de árbol secos

1 barra de canela de 3 pulgadas de largo

1 tz. de cuscús común

3 naranjas

¼ tz. de piñones, tostados

¼ tz. de dátiles secos, sin hueso, picados

¼ tz. de cebolla morada, finamente picada

3 cdas. de cilantro fresco, picado

2 cdas. de aceite de oliva

Sal y pimienta negra recién molida

El cuscús es semolina, un grano básico en la cocina del Norte de África. Aquí lo tienes con una infusión de chiles picantes y canela, en esta ensalada fácil de preparar que puedes acompañar de lo lindo con un cordero a la parrilla o con aves.

Mezcla el caldo, los chiles y la barra de canela en una cacerola gruesa mediana sobre fuego medio-alto y ponlos a hervir. Retira la olla del fuego y deja reposar por 5 minutos. Luego retira y desecha los chiles y la barra de canela.

Coloca el cuscús en un recipiente grande y vierte la infusión de caldo encima. Cubre y deja reposar por 4 minutos.

Mientras tanto, corta, pela y retira la corteza blanca de cada naranja.

Trabajando sobre un recipiente mediano, corta entre las membranas para sacar los gajos de la naranja. Reserva 1 cucharada del jugo de naranja.

Esponja el cuscús con un tenedor. Incorpora los gajos de la naranja, los piñones, los dátiles, la cebolla, el cilantro, el aceite de oliva y el jugo de naranja reservado. Sazona la ensalada de cuscús a gusto con sal y pimienta. Sirve caliente, a temperatura ambiente o frío.

SALSAS

LAS SALSAS

Poblano, serrano, morilla, chilaca, California, mulato, ancho, cascabel, chipotle, habanero, jalapeño, de árbol, mirasol, pasilla, chiltepín, piquín... Los chiles mexicanos proporcionan inspiración para una lista casi interminable de salsas.

Una vez leí que si las tortillas son el corazón de México, entonces las salsas son la sangre; y yo estoy completamente de acuerdo. Para mí, son lo que mejor distingue la comida mexicana de cualquier otra cocina del mundo. Algunas salsas son asadas, algunas fritas, algunas son crudas, algunas son dulces. Todas agregan sabor y dimensión a cualquier comida. Es como comer *ketchup* con papas fritas. Para los clásicos platos mexicanos —quesadillas, tacos de carne asada, huevos rancheros— la salsa es el toque final que hace que la comida sea mucho mejor.

¿Y qué hace una buena salsa? Una perfecta combinación de chiles. Usa secos cuando busques un toque ahumado y con sabor a nueces. Opta por frescos para sabores más brillantes. Si no sabes cuál elegir, una buena regla para principiantes es que mientras más pequeño el chile, más picoso es el golpe. El mejor consejo que podría darle a alguien en referencia a los chiles es que sean lo suficientemente valientes para probarlos. Comienza con sólo tocar el chile con la punta de tu lengua: tendrás una muy buena idea de lo picoso que es y de su sabor. Elimina las venas si quieres que tus salsas sean suaves; ahí es donde se esconde la mayoría del picante.

La primera cosa que me viene a la mente cuando la gente habla de salsas, es la salsa con trozos grandes para *chips* (que absolutamente me encanta cuando ambos, *chips* y salsa, son caseros), pero hay tanto más que explorar. En este capítulo encontrarás algunas de mis favoritas, incluyendo la Salsa borracha (ver pág. 170), que desarrollé para mi programa en Discovery en español: tequila, chile ancho y jugo fresco de naranjas se cocinan hasta formar una salsa ahumada y dulce de una profundidad increíble que absolutamente sorprenderá y deleitará a tu paladar. Con queso añejo desmoronado encima y como relleno en una tortilla caliente salidita del comal, simplemente no hay nada mejor.

Si crees que es más fácil comprar tu salsa en un frasco, déjame probarte lo contrario. Para las recetas en este libro, he omitido el uso de un molcajete a propósito, la herramienta tradicional para preparar salsas, substituyéndolo con una licuadora o procesador. La verdad es que mientras la navaja del procesador corta a través de los ingredientes, un molcajete los machaca para liberar sus jugos y sabores naturales,

dando sabor y textura superiores. Pero, con riesgo de disgustar a mis ancestros, mi prioridad es que tú en realidad *prepares* estas salsas. Si da la casualidad de que tienes un molcajete, adelante, úsalo. Si no, no permitas que eso te detenga.

Además de recetas para salsas tradicionales, he incluido algunas de mi propia cocina, y de mis propios antojos. Por ejemplo, cualquiera que me conozca, sabe que podría comerme un frasco entero de mayonesa. No lo he hecho todavía, pero puedes apostar que si lo intento, será con la mayonesa de chipotle casera que viene aquí. Me encanta para la ensalada de pollo o para untar en tostadas, y siempre le estoy agregando cosas, como jalapeños asados y alcaparras.

La idea es que te diviertas con las salsas. Después de que prepares una salsa con éxito, querrás intentar otra, y otra. Después de poco, la salsa será tan natural (y esencial) en tus comidas como el *ketchup* es para esas papas fritas.

SALSA DE TOMATILLO ASADO Y CILANTRO

1½ lbs. de tomatillos, pelados, enjuagados y a la mitad

2 cebollas chicas en cuartos

1 chile serrano, a la mitad, sin tallo y sin semillas

2 cdas. de aceite de oliva

Sal y pimienta negra recién molida

1 cabeza de ajo envuelta ajustadamente en papel de aluminio

½ tz. de caldo de pollo

½ aguacate, a la mitad, pelado, deshuesado y en cubos

3 cdas. de cilantro fresco picado

Una salsa verde fresca hecha con tomatillos es el condimento perfecto para casi cualquier comida (a mí me gusta en tacos de pollo a la parrilla), y es igual de buena para mojar los *chips*.

Precalienta el horno a 350°F.

Coloca los tomatillos, la cebolla y el chile serrano en una bandeja para horno con los cortes hacia arriba. Baña con el aceite de oliva y espolvorea generosamente con sal y pimienta. Coloca el ajo envuelto en papel de aluminio en la misma bandeja. Ásalos por 45 minutos, o hasta que el ajo y las verduras estén suaves y las orillas de las verduras se empiecen a dorar. Déjalos enfriar ligeramente.

Pasa los tomatillos, la cebolla y el chile serrano a una licuadora. Desenvuelve los ajos y quita las cáscaras que los cubren y agrega a la licuadora. Añade el caldo de pollo y licua hasta que tenga una textura gruesa. (La salsa se puede hacer con 1 día de anticipación hasta este punto. Enfría, cubre y refrigera.)

Antes de servir, añade el aguacate y el cilantro a la salsa y sazona a gusto con sal y pimienta.

TOMATILLOS

El tomatillo es una fruta verde pequeña envuelta en una cáscara que parece un pañuelo de papel (razón por la cual a veces lo llaman el tomate con cáscara). Autóctonos de México, los tomatillos se han utilizado en la cocina desde tiempos precolombinos. Continúan siendo un elemento básico en la cocina mexicana y son el principal ingrediente en la salsa verde. Conforme la población latina en Estados Unidos aumenta, los tomatillos están disponibles cada vez más en los grandes supermercados.

Los tomatillos deben utilizarse cuando aún están verdes, antes de que maduren y la cáscara se haya vuelto color café. Antes de usarlos quítales la cáscara, enjuágalos y seca bien la fruta (no necesitas quitarles las semillas).

Los mini tomatillos, que son más difíciles de encontrar, son aproximadamente del tamaño de un tomate *cherry* y se pueden utilizar en lugar de los tomatillos regulares, con resultados ligeramente más dulces.

SALSA BORRACHA

8 chiles anchos

½ tz. de jugo fresco de naranja

½ tz. de tequila reposado

1 diente de ajo, finamente picado

4 cdas. de aceite de oliva

Sal y pimienta negra recién molida

¼ tz. de queso añejo o queso feta desmoronado

Las salsas "borrachas" han existido desde siempre. Originalmente eran preparadas con pulque, una bebida alcohólica hecha con el jugo fermentado de la una vez sagrada planta de maguey (el agave). El pulque, que no es fácil de encontrar fuera de México, no es destilado y tiene un sabor mucho más fuerte que el tequila, el cual utilizo en su lugar en esta receta. El alcohol se evapora casi totalmente durante el proceso de cocción, dejando sólo su sabor almizclado. La dulzura del jugo de naranja recién exprimido le da a esta salsa un maravilloso balance.

Asa los chiles en una sartén a fuego alto, volteándolos constantemente por 2 minutos, o hasta que estén ligeramente tostados. Córtalos a la mitad y quítales las semillas. Córtalos en pequeños pedazos y colócalos en una licuadora.

Añade a la licuadora el jugo de naranja, el tequila, el ajo y 2 cucharadas del aceite de oliva. Hazlo puré hasta que la salsa esté suave.

Calienta las 2 cucharadas restantes del aceite de oliva en una sartén sobre fuego alto. Agrega la salsa y cocina por 5 minutos, o hasta que espese ligeramente. Sazona la salsa con sal y pimienta. Déjala enfriar completamente. (La salsa puede prepararse con 1 día de anticipación. Cubre la salsa y refrigera.) Sirve la salsa con el queso añejo desmoronado encima.

SALSA DE SALMÓN AHUMADO CON CHILE MULATO

2 cdas. de aceite de oliva

2 chiles mulatos, sin tallo y sin semillas, cortado toscamente

2 dientes de ajo

1 tz. de crema espesa

8 oz. de salmón ahumado finamente rebanado

2 pimientos morrón rojos chamuscados (ver pág. 35), sin semillas y picados

Sal y pimienta negra recién molida

¼ tz. de albahaca fresca finamente rebanada

El salmón ahumado en esta salsa, no sólo le da una fabulosa textura, sino que también es un grandioso sabor que complementa lo ahumado del chile mulato. Prueba esta salsa con pasta o con una pechuga de pollo a la parrilla.

Calienta el aceite de oliva en una cacerola gruesa y mediana sobre fuego medio. Agrega los chiles y los dientes de ajo y revuelve en el aceite por 2 minutos, o hasta que el ajo esté dorado y los chiles fragantes. Agrega la crema, el salmón ahumado y los pimientos picados y hazlos hervir. Reduce el fuego a medio-bajo y cocina por 4 minutos, o hasta que la salsa espese.

Pasa la salsa a una licuadora y hazla puré hasta que esté suave. Sazona con sal y pimienta. Incorpora la albahaca fresca. Sirve caliente.

SALSA DE PIÑA ASADA

½ piña madura y firme, pelada, descorazonada y cortada en rebanadas de ½ pulgada de grosor

¼ tz. de cilantro fresco picado

½ chile serrano, sin tallo, sin semillas y cortado en cuadros

1 cda. de jugo fresco de limón

Una pizca de azúcar, o al gusto

Sal y pimienta negra recién molida

Mi tía Martha jura que esta salsa ahumada, dulce y tropical la lleva de regreso a Yucatán, no importa dónde se encuentre, cuando la prepara. Funciona especialmente bien con el Pollo *tandoori* con cilantro (ver pág. 110), pero engrandecerá cualquier carne o pescado asado. Si la parrilla está lista, coloca la piña encima; o si estás cocinando dentro, una sartén para asar en la estufa funcionará también.

Prepara la parrilla a fuego medio-alto.

Asa las rebanadas de piña por 2 minutos por cada lado, o hasta que estén tiernas y marcadas con la parrilla. Pasa las rebanadas a una tabla de picar y córtalas. Coloca la piña picada en un recipiente mediano y agrega revolviendo el cilantro, el chile serrano y el jugo de limón. Sazona la salsa a gusto con azúcar, sal y pimienta. Sirve tibia.

SALSA DE CHILE DE ÁRBOL CON SEMILLAS DE AJONJOLÍ

1½ cdas. de aceite vegetal

¼ tz. de cebolla finamente picada

2 dientes de ajo grandes

¼ tz. de semillas de ajonjolí tostadas (ver Consejo en pág. 23)

½ tz. de chile de árbol seco

4 tomatillos, pelados y enjuagados

Sal y pimienta negra recién molida

Las nueces y las semillas han ido forjando camino en las salsas mexicanas por siglos. Las semillas de ajonjolí en esta salsa, que se sirve en un restaurante pequeño muy popular en Tijuana llamado Mi Rincón Cenaduría, le dan textura y sabor. Úsala sobre tacos de carne o incluso con pollo asado. Cacahuates pueden sustituir las semillas de ajonjolí.

Calienta el aceite en una cacerola gruesa y grande a fuego medio-alto. Agrega la cebolla y los dientes de ajo y saltea por 5 minutos, o hasta que el ajo esté dorado. Agrega las semillas de ajonjolí y los chiles de árbol, y cocina por 5 minutos, o hasta que los chiles estén con puntos oscuros.

Mientras tanto, calienta una cacerola gruesa y mediana sobre fuego alto. Agrega los tomatillos y cocínalos, volteándolos frecuentemente, por 10 minutos, o hasta que estén color verde pálido o tengan puntos chamuscados. Agrega los tomatillos a la mezcla de chile en la cacerola, presionándolos con una espátula para romperlos y que liberen los jugos. Cocínalos por 5 minutos para incorporar los sabores. Retíralos del fuego y déjalos enfriar ligeramente.

Pasa el contenido de la cacerola a una licuadora y agrega 1½ tazas de agua. Licua hasta que la salsa esté suave. Sazona a gusto con sal y pimienta. Deja enfriar a temperatura ambiente y sirve.

SALSA DE TRES CHILES

2 cdas. de aceite vegetal

3 chiles guajillo, sin tallo, sin semillas y toscamente cortados

4 chiles de cascabel, sin tallo, sin semillas y toscamente cortados

3 chiles de árbol secos, sin tallo, sin semillas y toscamente cortados

3 dientes grandes de ajo

2 cdas. de cilantro fresco picado

Sal y pimienta negra recién molida

¿Qué es mejor que un chile? ¡Tres! La comida mexicana le debe mucho de su encanto al chile, el cual ha existido desde aproximadamente el año 7.500 a.C., y le agrega un sabor picante a casi todo lo que preparo en casa (como un extra, algunos científicos creen que el chile tiene poderes milagrosos para combatir enfermedades, la habilidad de promover la pérdida de peso y prevenir todo, desde infartos hasta cáncer). Aquí tienes el chile cascabel, que le agrega un sabor a nuez, el chile de árbol que da lo picante, y mi favorito, el dulce y ahumado chile guajillo, para preparar una salsa que está en perfecta armonía.

Calienta el aceite en una cacerola gruesa y grande sobre fuego medio-alto. Agrega los tres tipos de chiles y saltea por 3 minutos, o hasta que estén fragantes. Coloca los chiles en un recipiente mediano y agrega agua hasta cubrirlos. Déjalos por 30 minutos, o hasta que los chiles estén suaves.

Escurre los chiles (desecha el agua de remojo) y colócalos en una licuadora. Agrega el ajo, el cilantro y ½ taza de agua, y licua hasta que la salsa esté suave. Sazona a gusto con sal y pimienta. Enfría a temperatura ambiente y sirve.

CHILES TOREADOS
CHILES FRITOS CON SALSA DE LIMÓN Y SOJA

Aceite vegetal para freír

2 lbs. de chile güero

½ tz. de jugo fresco de limón

½ tz. de salsa de soja

2 cdas. de salsa de ostión (*oyster*) asiática

Cada familia tiene una receta que es un secreto muy bien guardado. Esta receta, creada por mi tía Marcela, es la nuestra. Me tomó gran trabajo convencerla de que me diera los detalles. Amantes del chile, ¡esto es para ustedes! Los chiles amarillos se dejan enteros y son para comerse entre bocados de tacos o cualquier plato a la parrilla. Si quieres ser aventurero, intenta sumergir el sushi en la salsa de limón y soja picante.

Vierte suficiente aceite vegetal en una cacerola mediana y gruesa; agrega hasta alcanzar la mitad de los lados de la cacerola. Calienta el aceite a 350°F. Trabajando en tandas, fríe los chiles en el aceite hasta que estén dorados, aproximadamente 4 minutos. Coloca los chiles sobre toallas de papel para que se escurran.

Mezcla el jugo de limón, la salsa de soja y la salsa de ostión en un recipiente mediano. Agrega los chiles tibios y revuélvelos para que se incorporen. Refrigera por 3 horas o hasta que estén muy fríos. (Los chiles pueden permanecer refrigerados hasta por 1 semana.)

PESTO DE CILANTRO

2 tz. (compactas) de hojas de cilantro

¾ tz. (compacta) de queso añejo o queso feta

½ tz. de semillas de girasol, saladas y asadas

2 cdas. de jugo fresco de limón

½ chile jalapeño, sin tallo y sin semilla

¾ tz. de aceite de oliva

Sal y pimienta negra recién molida

El tradicional pesto italiano de albahaca se queda corto con esta colorida y sabrosa versión mexicana de la receta original italiana. El pesto de cilantro funciona mejor en ensaladas de pastas frías y es maravilloso sobre pescado o pollo a la parrilla.

Mezcla el cilantro, el queso, las semillas de girasol, el jugo de limón y el jalapeño en un procesador de alimentos y pulsa para incorporar. Con la máquina andando, agrega gradualmente el aceite de oliva. Sazona el pesto a gusto con sal y pimienta. Cubre y refrigera hasta por 2 horas. Antes de usar, déjalo a temperatura ambiente y revuélvelo.

SALSA DE MANGO, CHILE SERRANO Y AGUACATE

1 mango, pelado, deshuesado y en cubos

2 aguacates, a la mitad, deshuesados, pelados y en cubos

1 chile serrano, chamuscado (ver pág. 35), sin semillas y en cuadros

1 cda. de cilantro fresco picado

2 cdtas. de jugo fresco de limón

Sal y pimienta negra recién molida

Los mangos espolvoreados con una mezcla de chile y sal, encajados en un palo, son muy populares en los puestos de comida en las esquinas en México. Me gusta tanto la combinación de sabores que la utilicé para crear esta salsa, con la adición del aguacate para que estuviera extra rica. Los mangos vienen en distintas variedades, cualquier clase sirve, siempre y cuando la fruta esté madura, pero lo suficientemente firme para que no pierda textura en la salsa.

Con delicadeza mezcla el mango, el aguacate, el chile serrano, el cilantro y el jugo de limón en un recipiente. Sazona la salsa a gusto con sal y pimienta. Sirve de inmediato.

SALSA FRESCA DE TOMATILLO Y AGUACATE

8 oz. de tomatillos pelados, enjuagados y toscamente picados

1 aguacate pelado, a la mitad, sin hueso

½ tz. (compacta) de hojas de cilantro fresco

1 chile serrano

1 cda. de jugo fresco de limón

Sal y pimienta negra recién molida

Las salsas de tomatillo varían de región a región en México. Algunas son hervidas, algunas son freídas y algunas asadas pero todas tienen el sabor ácido tan distintivo que hacen del tomatillo uno de los ingredientes característicos de México. Una cantidad de esta salsa preparada diariamente en mi casa está siempre en mi refrigerador. Es mi salsa favorita para las quesadillas.

Mezcla los tomatillos, el aguacate, el cilantro, el chile serrano y el jugo de limón en una licuadora y hazlos suaves como puré. Sazona la salsa a gusto con sal y pimienta. Refrigera hasta por 2 horas o hasta que la utilices.

PICO DE GALLO DORADO

1½ lbs. de tomates amarillos, sin semillas y picados

¾ tz. de cebolla picada

½ tz. de cilantro fresco picado

3 cdas. de jugo fresco de limón

2 chiles serranos, sin semillas y finamente picados

Sal y pimienta negra recién molida

En México el pico de gallo se utiliza para describir una amplia variedad de salsas regionales, las cuales siempre son hechas de fruta o verdura siempre fresca cortada en cubos. Pico de gallo también se conoce como salsa picada. La versión más común es la hecha con tomates rojos, cebolla y chiles verdes, que también se le llama salsa mexicana o salsa bandera, por los tres colores que representan la bandera mexicana. A mí me gusta hacer mi salsa con tomates amarillos cuando se me antoja una salsa más dulce. Siéntete libre de usar tomates rojos si quieres apegarte a lo tradicional.

Mezcla los tomates, la cebolla, el cilantro, el jugo de limón y los chiles serranos en un recipiente. Sazona con sal y pimienta. Cubre y refrigera por lo menos 30 minutos, o hasta que los sabores se incorporen. (La salsa se puede hacer con 4 horas de anticipación.)

CEBOLLAS CURTIDAS

1 cebolla morada finamente rebanada

¾ tz. de vinagre blanco destilado

6 cdas. de azúcar

½ cdta. de orégano seco desmoronado

½ cdta. de sal

En México, las cebollas curtidas para un puesto de tacos son lo que el *relish* es para un carro de *hot dogs* en Estados Unidos: Para los amantes del taco, este es un condimento del cual no se puede prescindir. Prepáralo en casa y ahórrate el viaje de cruzar la frontera.

Mezcla la cebolla, el vinagre, el azúcar, el orégano, la sal y ¾ de taza de agua en una bolsa de plástico grande que se pueda cerrar. Sacude la bolsa para que se mezclen los ingredientes. Deja la cebolla marinar por lo menos 24 horas y hasta 4 días en el refrigerador.

MAYONESA DE CHIPOTLE CASERA

2 yemas grandes de huevo

1 cda. de jugo fresco de limón

1 lata de chile chipotle en adobo, más 3 cdas. de salsa de adobo

1 cdta. de mostaza Dijon

1¼ tz. de aceite de maíz

1 cdta. de sal

½ cdta. de pimienta negra recién molida

Estoy obsesionada con la mayonesa, especialmente la casera. Todo lo que se necesita es un poco de paciencia, y el resultado final es más brillante y suave que cualquier variedad que se venda en las tiendas. Tradicionalmente se prepara a mano, batiendo vigorosamente, pero yo la hago en un procesador de alimentos, que es mucho más fácil. Siempre tengo una porción de esta mayonesa de chipotle en mi refrigerador; puedes omitir fácilmente el chipotle como base de la mayonesa y puedes agregarle cualquier tipo de saborizante. Huevos crudos se van a utilizar en esta receta, así es que será mejor que no se lo sirvas a mujeres embarazadas, a niños o a cualquier persona que tenga el sistema inmunológico delicado. Si utilizas yemas de huevo pasteurizadas, entonces se lo puedes servir a quien quieras.

Mezcla las yemas de huevo, el jugo de limón, el chipotle, la salsa de adobo y la mostaza Dijon en el procesador de alimentos y pulsa dos o tres veces para mezclar. Con la máquina andando, agrega el aceite en un chorro lento y uniforme hasta que se vaya incorporando (esto toma aproximadamente 5 minutos). Agrega la sal y la pimienta y pulsa la máquina para que se incorpore. Guarda y cubre en el refrigerador hasta por 1 semana.

RAJAS EN CREMA

3 cdas. de aceite vegetal

1 cebolla blanca mediana finamente rebanada

2 tz. de granos de maíz frescos de (2 mazorcas de maíz)

6 chiles poblanos, chamuscados (ver pág. 35), pelados, sin tallo, sin semillas y cortado en tiras

¼ tz. de crema espesa

¼ tz. de crema mexicana (ver pág. 70) o *crème fraîche*

½ tz. de queso Oaxaca o mozzarella deshebrado

Sal y pimienta negra recién molida

Estas rajas poblanas en crema, un gran relleno para tacos o un aderezo para cualquier carne a la parrilla, aparecían en la mesa varias veces a la semana cuando yo era chica. Puedes hacer crema casi cualquier chile, pero los suaves chiles poblanos agregan la cantidad perfecta de picante a cualquier plato. Mi combinación favorita es con la dulce Torta de maíz (ver pág. 153).

Calienta el aceite en una sartén gruesa y grande sobre fuego medio. Agrega la cebolla y saltéala por 5 minutos, o hasta que esté translúcida. Agrega los granos de maíz y cocina por 3 minutos adicionales.

Agrega las rajas de chile a la mezcla de maíz y cocínalas por 5 minutos, o hasta que el maíz esté tierno. Añade la crema espesa y la crema mexicana y cocina por 8 minutos, o hasta que esté burbujeante. Agrega el queso y revuelve hasta que se derrita y esté suave. Sazona las rajas a gusto con sal y pimienta. Sirve caliente. (Las rajas se pueden preparar 1 día antes. Enfría, cubre y refrigera. Revuelve sobre fuego medio antes de servir.)

POSTRES

LA DULCE AFICIONADA

En más de una ocasión cuando era niña, entré a la cocina para encontrar a mi hermana mayor, Carina, vertiendo cajeta, una pasta de caramelo hecha con leche de cabra, directamente a su boca. "¿Cómo puedes hacer eso?", protestaba con horror absoluto. "¡Es pura azúcar!". No estaba preocupada por su salud, simplemente no podía entender el comer todo un contenedor de caramelo pegajoso sin parar a respirar.

Pronto comprendí que Carina es una criatura muy extraña que puede vivir por días con puro azúcar. Es sabido que esconde chocolates bajo su cama, y cuando siente que ya se le pasó la mano, le pide a alguien que se lo esconda por un par de días. Esconder, no tirar, claro. Yo solía tener ese trabajo tan extraño. Ahora, creo que ha sido relegado a su pobre esposo Raymundo, quien ha sermoneado a mi hermana muchas, muchas veces sobre el ejemplo tan dudoso que le está dando a sus pequeñas hijas Isabella, Daniella y Gabriella.

Raymundo es el tipo de hombre raro al que le gusta llevar a su esposa a San Francisco o a Las Vegas, simplemente para comer en los restaurantes más lujosos y ordenar el menú especial acompañado de los vinos más finos del chef. Siempre me imagino a Carina en una de esas aventuras culinarias, fingiendo que le encanta su chuleta de cerdo mientras en secreto espera que llegue el postre. Me llama cada mañana después de estas cenas y trata, a lo máximo de su capacidad, de contarme sobre cada plato. Normalmente se le olvidan la mitad de ellos, pero siempre es capaz de darme detalles increíbles del sabor, textura, presentación y aroma del postre ¡y cada uno de sus componentes!

No fue hasta que pasé un verano en París y estudié repostería francesa clásica en la escuela culinaria Ritz-Escoffier que comencé a comprender la obsesión de mi hermana. No me interesaban mucho los dulces mientras crecía, prefería la variedad de golosinas saladas y ácidas de las tiendas de dulces locales. En París fue donde aprendí a apreciar la etérea masa hojaldrada, el brillo del chocolate expertamente templado o un caramelo perfectamente cocinado. Mi amor y comprensión por el azúcar se estableció en ese lugar y en ese momento.

Aunque no estoy obsesionada como mi excepcionalmente menuda pelirroja hermana aficionada-al-azúcar, me sorprendo entrando a escondidas a la cocina de vez en cuando con antojo de algo dulce. Aunque nunca voy a llegar al punto de echarme la cajeta directamente a la boca, sí lleno, no obstante, una cuchara muy grande con el caramelo dulce y me lo llevo a la recámara para mordisquear mientras leo un libro o escribo una receta.

En lo que refiere a los postres en este libro, debes saber una cosa: todos tienen el sello de aprobación de Carina. Tuve que preparar los Macarrones de amaranto (ver pág. 200) varias veces antes de encontrar la proporción perfecta de almendras-azúcar y su bendición. Adoro a mis sobrinas, pero Carina embarazada significaba que yo tenía que preparar un montón de *Soufflés* de chocolate mexicano (ver pág. 219) y Palanqueta de piñones y granada (ver pág. 222). ¿Alguna vez has tratado de decirle a una mujer embarazada con antojos que estás demasiado ocupada para hacer postres a pedido? No te lo recomiendo.

La obsesión de Carina de siempre por todo lo dulce la ha hecho conocedora de las confituras, y se ha vuelto mucho más exigente con el tiempo. Su aprobación significa un jonrón. Y adivina qué: ella ha probado, y aprobado, cada una de estas recetas. Si hay un ingrediente que de plano no se encuentra en tu mercado local, ve y encuéntralo. Créeme, vale la pena. Especialmente la cajeta…

BUÑUELOS

BUÑUELOS

½ tz. de azúcar

1 cdta. de canela molida

Aceite vegetal para freír

6 tortillas de harina de 8 pulgadas, enteras o cortadas en figuras

El olor a tortillas fritas y canela aromatizaba nuestra casa en las épocas navideñas mientras mi mamá hacía docenas de estos buñuelos crujientes envueltos en papel celofán para regalar a amigos y familiares. Ahora yo me encargo de esta tradición, y a mi hijo le encanta ayudarme a cortar las tortillas en figuras navideñas con cortadores de galletas o tijeras antes de freírlas. Usar auténticas tortillas mexicanas (con manteca y todo) hace toda la diferencia.

Mezcla el azúcar y la canela en un plato.

Vierte suficiente aceite en una cacerola gruesa y mediana hasta que alcance la mitad de altura de los lados. Calienta el aceite a 350ºF.

Trabajando en tandas, fríe las tortillas en el aceite caliente por 2 minutos de cada lado, hasta que estén doradas. Colócalas sobre toallas de papel para que escurran. Mientras las tortillas estén tibias, revuélvelas y voltéalas sobre la mezcla de canela y azúcar hasta que se cubran. Sirve tibios preferentemente, o a temperatura ambiente.

POLVORONES
GALLETAS DE NUEZ MOLIDA

1 tz. (2 barras) de
mantequilla sin sal, a
temperatura ambiente

½ tz. de azúcar

2 tz. de harina común

½ tz. de nueces molidas

1 tz. de nueces picadas

½ tz. de azúcar glas, un
poco más para servir
(opcional)

**Polvo es exactamente en lo que estas galletas de mantequilla se
van a convertir en tu boca. Mi mamá nos preparaba polvorones
cada Navidad. Estas galletas mexicanas de boda, que se deshacen
en tu boca, son muy fáciles de preparar, y son el acompañamiento
perfecto para una taza de café después de cenar o para sumergir-
las en chocolate caliente, tal y como lo hacía cuando era niña.**

Utilizando la batidora eléctrica, bate la mantequilla en un recipiente grande hasta que esté ligera y esponjosa. Agrega el azúcar
y bate hasta que esté bien mezclada. Incorpora la harina, luego
las nueces en polvo y las picadas. Divide la masa a la mitad, formando una pelota con cada una. Envuélvelas con envoltura
plástica por separado y refrigera hasta que estén frías, aproximadamente 30 minutos.

Precalienta el horno a 325ºF. Coloca la ½ taza de azúcar glas en
un recipiente plano y deja a un lado.

Trabajando con una mitad de la masa fría (la otra déjala en el
refrigerador), enrolla 2 cucharaditas de masa hasta formar una
bolita. Acomoda las bolitas sobre una bandeja para horno, con un
espacio de ½ pulgada entre ellas.

Hornea los polvorones hasta que estén dorados por debajo y un
dorado pálido arriba, aproximadamente 18 minutos. Deja los
polvorones enfriar en la bandeja por 5 minutos. Luego baña los
polvorones calientes en el azúcar glas. Pasa los polvorones
glaseados a una rejilla para enfriar completamente. (Los polvorones pueden prepararse 2 días antes. Almacénalos en un recipiente
hermético a temperatura ambiente.)

Si deseas, cierne azúcar glas adicional sobre los polvorones
antes de servirlos.

BOLSITAS DE MANGO CON CREMA DE CANELA

20 hojas de *wonton*

1 mango maduro pero firme, pelado, deshuesado y en cubos

1 huevo grande, ligeramente batido

Aceite vegetal, para freír

⅔ tz. de azúcar, más 2 cdas.

3 cdtas. de canela molida

½ tz. de crema espesa

Esta deliciosa fritura es un feliz accidente. Mi amiga (y leal asistente) Valeria sugirió que preparara un ravioli de mango para este libro. Ella se imaginó una masa de puré de mango, pero yo mal entendí y preparé un relleno de mango. Esta mala comunicación, en combinación con mi obsesión por las versátiles hojas de *wonton*, dio vida a un nuevo postre.

Coloca una hoja de *wonton* sobre una superficie de trabajo. Con una cuchara coloca 3 ó 4 pedazos pequeños de mango al centro. Barniza las orillas del *wonton* con un poco del huevo batido. Dobla a la mitad a lo diagonal. Dobla todas las orillas de modo que se toquen, para hacer una pequeña bolsita, presionando las orillas para sellar. Repite con las hojas de *wonton* y el mango restantes.

Vierte suficiente aceite en una cacerola mediana para alcanzar la mitad de la altura de los lados. Calienta el aceite a 350ºF.

Mezcla los ⅔ de taza de azúcar y 2 cucharaditas de canela sobre una bandeja para horno.

Trabajando en tandas, fríe las bolsitas de mango en el aceite caliente por 4 minutos, o hasta que estén crujientes y doradas. Colócalas sobre toalla de papel para que escurran. Después, mientras las bolsitas de mango aún están calientes, transfiérelas a la bandeja y revuélvelas en azúcar y canela para cubrir.

Mezcla la crema, las 2 cucharadas de azúcar restantes y la cucharadita de canela restante en un recipiente mediano y bate hasta formar picos suaves.

Sirve las bolsitas de mango con la crema de canela para mojar.

MACARRONES DE AMARANTO

1½ tz. de almendras
molidas blanqueadas

2½ tz. de azúcar glas

3 claras de huevo grandes

2 cdas. de azúcar
granulada

¼ cdta. de crema de tártara

½ tz. de semillas de
amaranto (ver pág. 202)

Mi querida amiga y colega Elsa Flores, una chef de repostería en Baja, me dio esta receta. Es una maravillosa fusión de un ingrediente muy mexicano, el amaranto, con un postre muy francés, los macarrones. Asegúrate de dejar reposar los macarrones una vez que hayan sido rellenos. Esto secará la parte superior y resultará en un macarrón más brillosante y perfectamente esponjado.

Precalienta el horno a 200ºF. Cubre una bandeja para horno con papel pergamino.

Mezcla las almendras molidas y el azúcar glas en un procesador de alimentos y procesa muy bien hasta que la mezcla esté muy fina.

Utilizando una batidora eléctrica, bate las claras del huevo hasta que estén espumosas. Con la batidora andando, añade el azúcar gradualmente. Agrega la crema tártara y bate hasta que se formen picos duros. Tamiza la mezcla de las almendras sobre las claras batidas y utiliza una espátula de plástico para incorporarlas cuidadosamente.

Usando una duya con una punta de ½ pulgada de diámetro, rellena bolitas de 1 pulgada (se van a expander ligeramente) con una distancia de 1½ pulgada entre cada bolita sobre la bandeja para horno previamente preparada. Espolvorea la punta de los macarrones con las semillas de amaranto. Deja los macarrones crudos reposar a temperatura ambiente por 15 minutos.

Hornea los macarrones por 10 minutos. Luego rota la bandeja y hornea por 12 minutos más, hasta que los macarrones estén esponjados y la parte superior aparente estar seca (los macarrones deben estar crujientes por fuera y chiclosos por dentro). Déjalos enfriar en la bandeja por 15 minutos antes de retirarlos del pergamino. Guárdalos en un recipiente hermético a temperatura ambiente hasta por 2 días.

AMARANTO

Los aztecas y los incas creían que el amaranto tenía propiedades mágicas y medicinales, y lo utilizaban en rituales que involucraban sangre humana. Los conquistadores españoles, asustados de esta práctica pagana, quemaron todos los cultivos de amaranto.

Rico en fibra, calcio, hierro y potasio, el amaranto ha sido recientemente descrito como un "grano nutritivo" (técnicamente es una hierba) para niños bajos en peso en países subdesarrollados, especialmente porque es relativamente fácil de cultivar.

En México y en las tiendas de comida saludable de Estados Unidos puedes encontrar semillas crudas solas o endulzadas con miel; cualquiera de las dos puede ser utilizada en esta receta.

TARTALETAS DE FRESA DE MAMÁ

1½ tz. de fresas sin tallo en cuartos

½ tz., más 3 cdas. de azúcar granulada

Aceite en aerosol

5 oz. de galletas María (aprox. 32 galletas; ver pág. 205) o galletas *graham* (aprox. 10 galletas enteras)

¼ tz. (compacta) de piloncillo finamente picado (aprox. 2 oz.) o azúcar moreno oscuro

8 cdas. (1 barra) de mantequilla fría, sin sal, en cubos

2 paquetes de 8 oz. de queso crema, a temperatura ambiente

½ tz. de crema agria

Mi mamá ha preparado esta variación de postre desde que yo era una niña. No estoy exactamente segura de dónde obtuvo esta receta, pero sé que viene de una de mis tías de Guadalajara. Sólo necesitas saber que mi tío Ernesto manejaba desde su casa en San Diego y cruzaba la frontera a Tijuana sólo para ir a casa de mi mamá cuando ella anunciaba que estaba preparando una tarta de fresa. No es tradicional ni muy mexicano, especialmente en su forma original. Ella solía utilizar la base de galleta comprada en tienda (misma que eres libre de usar), pero yo he concebido una mucho más sabrosa utilizando las tradicionales galletas María y piloncillo (azúcar de caña sin refinar, usualmente en figura de conos pequeños truncados). Lo que dejé absolutamente original fue el relleno, uno cremoso, esponjoso, perfectamente endulzado del que me podría comer un tazón completo si me dieran una cuchara. Las cantidades también te servirán si utilizas un molde redondo de tarta de 9 pulgadas con base removible, si no quieres hacer tartaletas individuales.

Mezcla las fresas y las 3 cucharadas de azúcar granulada en un recipiente chico para combinar. Deja que las fresas se maceren a temperatura ambiente por 1 hora.

Precalienta el horno a 350ºF. Coloca seis moldes para tartaletas de 3½ x ¾ pulgadas con base removible sobre una bandeja para horno. Rocía los moldes con el aceite en aerosol.

RECETA CONTINÚA

Mezcla las galletas y el piloncillo en un procesador de alimentos y procésalo hasta que forme migas gruesas. Agrega la mantequilla y procesa hasta que las migas se incorporen. Presiona las migas en los moldes preparados. Hornea por 10 minutos, o hasta que las bases de las tartaletas estén doradas. Deja enfriar completamente.

Utilizando una batidora eléctrica, bate el queso crema y la crema agria en un recipiente hasta que esté esponjosa. Agrega la ½ taza de azúcar granulada restante y bate hasta que esté bien incorporada. Escurre las fresas del líquido de maceración, reservando 2 cucharadas del líquido. Incorpora las fresas y el líquido reservado a la mezcla de queso crema. Vierte el relleno de fresa a las tartaletas, dividiéndolo en partes iguales. (Las tartaletas pueden prepararse con 1 día de anticipación. Cubre y refrigera.)

LAS GALLETAS MARÍA

Son galletas redondas y dulces con sabor a vainilla, la versión mexicana del *Marie Biscuit* inglés. Uno de los métodos más populares de comer galletas María en México es untando cajeta, que es un caramelo de leche de cabra (ver pág. 212) en una galleta y cerrándola con otra haciendo un sándwich; este era el postre habitual en mi lonchera. Pueden utilizarse en postres de capas como los Dedos de novia.

CRÈME BRÛLÉE DE DÁTIL Y VAINILLA

2 tz. de crema espesa

½ tz. (compacta) de dátiles Medjool, picados, secos, deshuesados (aprox. 5 oz.),

1 vaina de vainilla, picada a la mitad a lo largo

5 yemas de huevo grandes

½ tz., más 4 cucharadas de azúcar

Los dátiles siempre estuvieron en mi casa como aperitivo cuando era niña. Ahora me encanta utilizarlos en platos tanto dulces como salados. Los dátiles grandes oscuros Medjool, son cultivados en Estados Unidos, Jordania, Israel iy ahora en Baja! Creo que le agregan toda una nueva dimensión al *crème brûlée* clásico.

Precalienta el horno a 350°F. Acomoda cuatro moldes ramekins de 1 taza dentro de un molde para horno.

Mezcla la crema con los dátiles en una cacerola gruesa y mediana. Raspa las semillas de la vaina de vainilla a la cacerola; agrega la vaina también. Cocina la mezcla de la crema a fuego medio-alto hasta hervir. Reduce el fuego y cocina por 5 minutos para que se incorporen los sabores.

Desecha la vaina de la vainilla y transfiere la mezcla de crema a la licuadora. Licua por 5 minutos, o hasta que esté muy suave.

Bate las yemas de huevo y la ½ taza de azúcar en un recipiente mediano hasta que la mezcla esté pálida de color y muy suave. Gradualmente añade la mezcla de crema a las yemas, batiendo constantemente.

Cuela la mezcla a una taza de medir grande, y viértela a los moldes ramekins, dividiéndola en partes iguales. Agrega suficiente agua al molde para horno para alcanzar tres cuartas partes de la altura de los lados del plato. Con cuidado introduce el molde al horno y hornea por 45 minutos, o hasta que las orillas de la natilla estén listas, pero el centro esté aún gelatinoso al golpetear los ramekins. Retira el molde del horno y coloca los ramekins sobre una rejilla. Deja las natillas enfriar completamente, después las cubres con envoltura plástica y los refrigeras toda la noche.

Precalienta el asador de tu estufa.

Espolvorea una cucharada de azúcar uniformemente sobre cada natilla. Acomoda los ramekins en una bandeja para horno chica y mételas bajo el asador por 2 minutos hasta que el azúcar se empiece a caramelizar (puedes utilizar como alternativa una antorcha de cocina si la tienes). Refrigera las natillas por 30 minutos, o hasta que el caramelo esté firme y después sírvelas.

CONSEJO LOS DÁTILES SON MÁS FRECUENTES AL FINAL DEL VERANO, CUANDO DISTINTAS VARIEDADES DE CALIFORNIA Y DE ORIENTE MEDIO APARECEN EN LOS MERCADOS, PERO SE PUEDEN CONSEGUIR A LO LARGO DE TODO EL AÑO. MIENTRAS QUE EL DÁTIL MEDJOOL ES CONSIDERADO LA MEJOR VARIEDAD, TODOS LOS DÁTILES CONTIENEN CANTIDADES SIMILARES DE AZÚCAR Y SE PUEDEN USAR PARA ESTA RECETA. BUSCA DÁTILES SUAVES Y BRILLANTES, Y EVITA LOS QUE ESTÉN ARRUGADOS O ESTÉN CUBIERTOS POR CRISTALES DE AZÚCAR. SI ESTOS CRISTALES SE FORMAN UNA VEZ HAYAS COMPRADO LA FRUTA, HIÉRVELOS UNOS MINUTOS HASTA QUE LOS CRISTALES DESAPAREZCAN. GUARDADOS EN EL REFRIGERADOR, LOS DÁTILES SE CONSERVAN HASTA UN AÑO.

PASTEL DE TRES LECHES

Mantequilla sin sal, para el molde

1½ tz. de harina común, más otro poco para el molde

1 cda. de polvo para hornear

1 cdta. de canela molida

4 huevos grandes, separados

1½ tz. de azúcar

½ tz. de leche entera

Una lata de 14 oz. de leche condensada

Una lata de 12 oz. de leche evaporada

1 tz. de crema espesa

2 cdas. de licor de naranja, como *Grand Marnier*

Merengue italiano (opcional, ver pág. 210)

Este es un clásico y delicioso pastel mexicano que debes hacer por lo menos una vez en tu vida (y si lo haces, te garantizo que lo prepararás de nuevo). Es un pastel de textura firme que se mantiene al ser bañado en tres tipos de leche/crema (por eso el nombre de tres leches). Tradicionalmente está cubierto de claras de huevo batidas endulzadas, lo que puede ser peligroso para niños pequeños y mujeres embarazadas, dos grupos que disfrutan este pastel. La solución perfecta es un merengue italiano preparado con claras de huevo cocidas.

Precalienta el horno a 350°F. Cubre de mantequilla y harina un molde para pastel de 10 pulgadas por 2 pulgadas de altura de los lados, forra la base interior del molde con papel pergamino. Cubre el papel de mantequilla.

Mezcla la harina, polvo para hornear y la canela en un recipiente mediano.

Bate las claras de huevo hasta que estén espumosas. Añade gradualmente el azúcar y bate hasta que se formen picos firmes. Incorpora las yemas una por una, batiendo muy bien después de agregar cada una. Agrega la mezcla de harina en tres partes, alternando con la leche entera en dos partes.

Vierte la masa en el molde previamente preparado y hornea por 30 minutos, o hasta que al insertar un palillo en el centro, éste salga limpio. Deja el pastel enfriar ligeramente en el molde; luego inviértelo sobre una fuente con 1 pulgada de altura a los lados.

Agujera la parte superior del pastel caliente con una brocheta gruesa. Mezcla la leche condensada, la leche evaporada, la crema espesa y el licor de naranja y vierte sobre el pastel. Cubre y refrigera hasta que esté frío.

merengue italiano

3 claras de huevo grandes,
a temperatura ambiente

½ tz. de azúcar

⅛ cdta. de crema tártara

El merengue italiano es un merengue cocido y firme hecho con almíbar de azúcar hirviendo. Puede usarse como un glaseado, o a veces lo uso para rellenar rosetas y secarlas en el horno para bocadillos dulces. Utiliza un termómetro de dulces para asegurarte de que el almíbar de azúcar alcance los 235°F. Al agregar el almíbar caliente a las claras de huevo mientras bates, las estarás cocinando aproximadamente a 140°F, la temperatura de pasteurización para los huevos.

Coloca las claras de huevo en el recipiente de una batidora eléctrica, enciéndela a velocidad baja (quieres batir las claras hasta que estén espumosas).

Mientras que las claras se están batiendo lentamente, vierte ½ taza de agua y el azúcar en una cacerola gruesa mediana sobre fuego bajo hasta que el azúcar se disuelva. Sube el fuego a temperatura medio-alto y hierve sin revolver hasta que la mezcla alcance 235°F en un termómetro de dulces y tenga la textura de almíbar de maíz. Retira la cacerola del fuego.

Una vez que las claras de huevo se hagan espumosas, agrega la crema de tártara y bátelas hasta que se formen picos suaves. Con la batidora encendida, agrega el almíbar caliente de manera lenta y constante. Bate hasta que las claras estén rígidas y brillantes, y frías al tacto.

Utiliza el merengue de inmediato.

COCADA
PALANQUETA DE COCO FÁCIL

Aceite en aerosol

5½ tz. de coco endulzado rallado (un paquete de 14 oz.)

½ tz. de leche condensada

Estos tradicionales cuadros de coco horneados son vendidos en las calles por todo México. Casi no toma nada de tiempo prepararlos y son geniales para días de campo o para empacarlos en loncheras, ¡si duran lo suficiente! Mi parte favorita de este postre son las orillas doradas y crujientes. Cuando las preparo en casa, son lo primero que desaparece.

Precalienta el horno a 350°F. Engrasa con el aceite en aerosol un molde de vidrio para horno de 13 x 9 pulgadas.

Mezcla el coco y la leche condensada en un recipiente hasta que se mezclen bien. Unta la mezcla en el refractario para horno previamente preparado y hornea por 20 minutos, o hasta que el coco esté dorado uniformemente, oscuro y crujiente en las orillas. Enfría ligeramente, corta en cuadros. Sirve tibio o a temperatura ambiente.

NAPOLEÓN DE CREMA BATIDA Y CAJETA

Aceite en aerosol

Harina común para amasar

1 hoja de hojaldre congelada (la mitad de un paquete de 17,3 oz.), descongelada

1 tz. de crema espesa

¼ tz. de cajeta, dulce de leche o salsa espesa de caramelo

¼ tz. de azúcar glas, más otro tanto para espolvorear

Variedad de moras rojas frescas para adorno

El hecho es que yo podría inventar cien recetas diferentes de cajeta. La cajeta es un caramelo tradicionalmente hecho con leche de cabra. Está disponible fácilmente en todo México, y en otras partes de América Latina lo conocen como dulce de leche. Cajeta, que se traduce "pequeña caja", se refiere a la caja en la que la cajeta se vendía. Ahora la puedes encontrar en frascos de vidrio, una presentación más cómoda. La puedes encontrar en varios supermercados y mercados latinos, y está disponible en diferentes sabores, las más comunes son de vino y de fresa. Cualquier cajeta de sabor funciona bien en esta receta. Batida con crema y un poco de azúcar, es un relleno perfectamente endulzado para este sabroso postre, que es tan delicioso como desordenado para comerse.

Precalienta el horno a 400°F. Rocía con aceite en aerosol una bandeja grande para horno.

Espolvorea una superficie plana y un rodillo con harina. Amasa la hoja de hojaldre a un grosor de ⅛ de pulgada. Corta 3 rectángulos de 13 x 4 pulgadas. Espolvorea uno de los rectángulos generosamente con harina; luego dóblalo, envuélvelo ligeramente con papel de plástico y guárdalo en el refrigerador.

Coloca los 2 rectángulos de hojaldre restantes en la bandeja para horno preparada. Rocía la parte inferior de una segunda bandeja para horno con el aceite en aerosol y colócala sobre los rectángulos de hojaldre (esto es para evitar que el hojaldre se esponje). Hornea por 12 minutos, o hasta que el hojaldre esté dorado. Deja que el hojaldre se enfríe por completo. Repite con los rectángulos de hojaldre restantes, quitando el exceso de

RECETA CONTINÚA

harina y asegurándote de que las bandejas para horno estén frías antes de usarlas. (El hojaldre lo puedes preparar con 1 día de anticipación. Envuelve en papel de plástico ajustadamente y guarda a temperatura ambiente.)

Usando una batidora eléctrica, bate la crema, la cajeta y el azúcar glas en un recipiente para formar picos firmes. (La crema batida de cajeta puede prepararse con 1 día de anticipación. Cubre y mantén refrigerada.)

Corta cada rectángulo de hojaldre en 4 cuadros. Coloca un cuadro de hojaldre en un plato. Agrégale ¼ de taza de la crema batida de cajeta. Coloca un segundo cuadro de hojaldre encima, luego ¼ de taza de crema batida de cajeta. Coloca un tercer cuadro de hojaldre, y espolvorea generosamente con azúcar glas. Repite con los cuadros de hojaldre restantes y la crema batida de cajeta para hacer 4 napoleones. Adorna con moras rojas frescas y sirve.

ARROZ CON LECHE MEXICANO

1 tz. de arroz blanco de grano largo

1 barra de canela de 3 pulgadas de largo

¼ cdta. de sal

4 tz. de leche entera

1 tz. de azúcar

5 yemas de huevo grandes

½ cdta. de extracto de vainilla

¾ tz. de pasas

Hay una canción que cantaba cuando era niña cuyas letras decían: *"Arroz con leche, me quiero casar con una señorita que sepa planchar."* No sé planchar, pero creo que mi arroz con leche puede más que compensar mi falta de ciertas habilidades domésticas. Tienes tres opciones exquisitas aquí: servir caliente, como se hace tradicionalmente, servirlo frío o, una vez frío, lo puedes batir en una máquina para hacer helado para un riquísimo helado servido en un cono de azúcar.

Coloca el arroz en un recipiente y agrega agua caliente hasta cubrir. Déjalo reposar por 15 minutos a temperatura ambiente. Luego escurre el arroz, desechando el líquido.

Mezcla 2 tazas de agua con el arroz, la barra de canela y la sal en una cacerola gruesa mediana sobre fuego medio-alto. Lleva a hervir y luego reduce el fuego a bajo y cubre la cacerola. Cocina a fuego lento por 18 minutos, o hasta que la mezcla esté seca. Agrega la leche y el azúcar, y cocina sobre fuego bajo por 30 minutos, o hasta que la mezcla se espese.

Bate las yemas y la vainilla en un recipiente chico. Cuidadosamente retira ½ taza del líquido caliente de la mezcla de arroz y viértela a la mezcla de las yemas, incorporándolas. Bate la mezcla de yemas de huevo de regreso a la cacerola de arroz. Cocina, revolviendo con una cuchara de madera sobre fuego bajo por 3 minutos, o hasta que la mezcla cubra la parte trasera de la cuchara. Que no hierva. Añade las pasas. Deja enfriar la mezcla ligeramente. Sirve tibio, o cubre y refrigera toda la noche y sirve frío.

PASTEL DE GUAYABA FRESCA EN CAPAS

CAPAS DEL PASTEL

Aceite en aerosol

3 tz. de harina para pastel

1½ cdtas. de polvo para hornear

½ cdta. de sal

6 huevos grandes

2 cdtas. de extracto de vainilla

1½ tz. (3 barras) de mantequilla sin sal, a temperatura ambiente

2½ tz. de azúcar granulada

⅔ tz. de suero de leche (buttermilk)

RELLENO DE GUAYABA

2 lbs. de guayabas frescas maduras (cada una del tamaño de una pelota de golf), sin la parte superior café

1¼ tz. de azúcar granulada

4 oz. de queso crema

No sólo es espectacular este gigante pastel en capas, es absolutamente delicioso con su relleno cremoso de guayaba y su acabado esponjoso de crema de mantequilla. Nosotros teníamos un árbol de guayabas en el jardín de mi mamá, y cuando la fruta estaba de estación, comíamos nuestra dotación de pasteles de guayaba, tartas de guayaba, agua de guayaba y casi cualquier cosa era de guayaba. Este es mi homenaje al árbol de guayaba de mi mamá.

Para hacer las capas del pastel, coloca una rejilla en el tercio superior y otra rejilla en el tercio inferior del horno y precaliéntalo a 325ºF. Ligeramente rocía 3 moldes de pastel antiadherentes de 9 pulgadas con el aceite en aerosol.

Tamiza la harina, el polvo para hornear y la sal en un recipiente grande. Bate los huevos y la vainilla en otro recipiente. Utilizando una batidora eléctrica, bate la mantequilla en un recipiente grande hasta que esté esponjosa. Gradualmente agrega el azúcar, batiéndola hasta que esté bien mezclada. Agrega la mezcla de huevo en tres adiciones, batiendo hasta que se incorpore bien después de cada adición. Luego bate la mezcla de harina en tres adiciones alternando con el suero de leche, raspando el interior del recipiente de vez en cuando.

Divide el batido entre los moldes de pastel preparados. Hornea por 40 minutos, o hasta que las capas estén inflados y al insertar un palillo en el centro éste salga limpio. Pásalos a rejillas y deja las capas de pastel enfriar completamente en los moldes. Voltea los pasteles a las rejillas. (Los pasteles pueden ser preparados con 1 día de anticipación. Cubre con papel de plástico ajustadamente y guarda a temperatura ambiente.)

Para hacer el relleno de guayaba, mezcla las guayabas, ¾ de

ACABADO DE QUESO CREMA

3 paquetes de 8 oz. de queso crema, a temperatura ambiente

6 cdas. (¾ de barra) de mantequilla sin sal, a temperatura ambiente

1½ cdtas. de extracto de vainilla

2¼ tz. de azúcar glas

2 tz. de pistachos sin sal, picados

taza de agua y el azúcar en una cacerola gruesa mediana sobre fuego medio. Cubre y hierve. Luego reduce el fuego y cocina, tapado por 5 minutos o hasta que las guayabas se empiecen a abrir y estén tiernas. Escurre las guayabas, reservando el almíbar. Déjalos enfriar separadamente.

Quita las semillas y corta la mitad de las guayabas en pedazos (pueden desbaratarse ligeramente). Deja las guayabas picadas a un lado. Coloca las semillas en la licuadora y agrega las guayabas restantes, el queso crema y 1 taza del almíbar reservado. Licua hasta que la mezcla esté suave. Cuela la mezcla a un recipiente grande, batiendo la mezcla en el colador para extraer la mayor cantidad de líquido posible (desecha los sólidos). Delicadamente incorpora las guayabas picadas.

Coloca 1 capa, con el lado plano hacia arriba, en una fuente. Esparce 3 cucharadas del almíbar reservado restante sobre el pastel. Unta la mitad del relleno de guayaba sobre el pastel. Encima la segunda capa de pastel, esparce 3 cucharadas de almíbar y unta el relleno de guayaba restante. Encima la tercera capa de pastel. Refrigera hasta que esté listo para el betún. (Reserva el almíbar restante para otro uso; ver pág. 218.)

Para hacer el acabado de queso crema, usa una batidora eléctrica para mezclar el queso crema, la mantequilla y la vainilla, hasta que estén ligeros y esponjosos. Gradualmente incorpora el azúcar glas. Cubre y refrigera por 25 minutos, o hasta que esté lo suficientemente firme para untar.

Unta el acabado sobre el pastel y sus lados. Cubre los lados del pastel con los pistachos. (El pastel se puede preparar con 2 días de anticipación. Cubre y refrigera.)

Corta en rebanadas y sirve.

ALMÍBAR DE AZÚCAR DE GUAYABA

Por ningún motivo deseches el almíbar de azúcar de guayaba que te sobró después de preparar este pastel. Se mantendrá en el refrigerador por semanas y puede utilizarse en cualquier parte donde se use almíbar sencillo, desde bañar pasteles (como se utiliza en esta receta) hasta cocer fruta, para agregárselo a acabados o para endulzar bebidas. Úsalo para endulzar un jugo de limón recién exprimido con el almíbar para obtener una refrescante limonada de guayaba, o vierte un poco de almíbar en un mezclador de martinis con un poco de ron y puré de fresa para un daiquiri de fresa latino. O si quieres ser muy aventurero, cocínalo hasta un color caramelo y agrega un poco de crema espesa para obtener ¡un caramelo aromático de guayaba!

SOUFFLÉ DE CHOCOLATE MEXICANO

1 cda. de mantequilla sin sal, derretida

4 tabletas de chocolate Ibarra de 3,1 oz. (ver pág. 117) toscamente picado

6 cdas. (¾ barra) de mantequilla sin sal

6 yemas de huevo grandes

6 claras de huevo grandes

¼ tz. de azúcar

Como todos sabemos, el chocolate ha existido por muchísimo tiempo, tan atrás como los tiempos precolombinos. Considerado por los mayas alguna vez como regalo de los dioses, pués de ser introducido a Europa, reservado para la realeza española, el chocolate se ha convertido en ingrediente un favorito del mundo entero al preparar postres. Lo encontrarás en pasteles, tartas, salsas de postres y *soufflés*, como lo encuentras aquí. El chocolate mexicano, disponible en mercados latinos y algunos supermercados, es condimentado con canela, almendras y vainilla. Hace un inconfundible e irresistible *soufflé*.

Precalienta el horno a 400°F. Barniza con la mantequilla derretida 8 moldes ramekins de ½ taza o moldes para natilla.

Coloca un recipiente metálico grande sobre una cacerola de agua hirviendo a fuego lento, agrega el chocolate y las 6 cucharadas de mantequilla al recipiente, y revuelve hasta que la mezcla se derrita y esté suave (la mezcla estará un poco granulosa). Retira el recipiente del fuego y deja que la mezcla enfríe un poco. Luego bate las yemas de huevo.

Usando una batidora eléctrica, bate las claras de huevo en un recipiente mediano hasta que se hagan espumosas. Agrega el azúcar y bate hasta que se formen picos firmes. Incorpora las claras a la mezcla del chocolate en tres adiciones.

Divide la mezcla del chocolate entre los ramekins preparados.

Hornea los *soufflés* de 16 a 18 minutos, o hasta que estén esponjosos pero con el centro ligeramente gelatinoso. Sirve de inmediato.

HELADO DE ALBARICOQUE Y TEQUILA

6 oz. de albaricoques secos, deshuesados, en cubos (1½ tz.)

⅓ tz. de tequila reposado

1 vaina de vainilla, partida a la mitad a lo largo

3 tz. de crema espesa

6 yemas de huevo grandes

6 cdas. de azúcar

El tequila es la pareja ácida perfecta para los dulces albaricoques en esta versión fresca de helado. Aunque nada se compara al sabor y la textura de el helado hecho desde cero, puedes tomar un atajo y simplemente incorpora los albaricoques bañados en tequila a un medio galón de helado de vaina de vainilla suavizada de tu supermercado.

Mezcla los albaricoques, el tequila y la vaina de vainilla en un frasco pequeño. Tápalos y déjalos macerar toda la noche a temperatura ambiente.

Al siguiente día, prepara un baño de hielo: Coloca un tazón mediano en un recipiente grande de agua. Coloca un cedazo de malla fina sobre el tazón mediano.

Retira la vaina de vainilla del frasco y colócala en una cacerola gruesa mediana (deja los albaricoques bañados en tequila a un lado). Agrega la crema a la cacerola y calienta hasta hervir sobre fuego medio-alto.

Mientras la crema se calienta, bate las yemas de huevo y el azúcar en un recipiente mediano hasta que la mezcla esté de color pálido y muy suave.

Gradualmente agrega la crema caliente a las yemas, batiendo constantemente (desecha la vaina de vainilla). Regresa la mezcla a la cacerola y cocina a fuego lento, revolviendo constantemente con una cuchara de madera, por aproximadamente 4 minutos, hasta que la natilla alcance una temperatura de 170° a 175°F en un termómetro de lectura instantánea y cubra la parte trasera de la cuchara.

Inmediatamente vierte la natilla a través del cedazo al recipiente listo en el baño de hielos. Deja la natilla enfriar, batiéndola ocasionalmente. Cubre y refrigera por 4 horas, hasta que esté muy fría, o por toda la noche.

Mezcla los albaricoques con el tequila en un procesador de alimentos hasta que formen un puré grueso. Añade ½ taza de la natilla fría y pulsa para mezclar. Luego incorpora la mezcla entera de albaricoques a la natilla restante. Bate la natilla en una máquina de hacer helado siguiendo las instrucciones del fabricante. Pasa el helado a un recipiente hermético y congela por 12 horas, o hasta que endurezca.

CONSEJO NO HAY DUDA. EL TEQUILA ES LA MEJOR CONTRIBUCIÓN QUE MÉXICO HA HECHO AL MUNDO. EN MI FAMILIA SOMOS CLARAMENTE BEBEDORES DE TEQUILA: A MIS HERMANOS LES GUSTA EL BLANCO, EL QUE MÁS SABE A AGAVE YA QUE HA SIDO EMBOTELLADO INMEDIATAMENTE DESPUÉS DEL DESTILADO. A MI PADRE LE GUSTA EL REPOSADO, AL QUE SE HA DEJADO ENVEJECER MÁS DE DOS MESES, Y ES MÁS SUAVE. LAS NARANJAS SON OBLIGATORIAS CON SU TEQUILA, YA QUE EL MORDER UN GAJO DE NARANJA DULCE EQUILIBRA Y REFUERZA EL SABOR DEL TEQUILA. YO PREFIERO LOS AÑEJOS, QUE A MENUDO COMBINO CON *SANGRITA*, UNA BEBIDA AGRIDULCE DE TOMATE QUE SE BEBE ALTERNANDO CON EL TEQUILA. EL TEQUILA ORO ES EL MÁS ADECUADO PARA MEZCLAR CON BEBIDAS O PARA COCINAR: USUALMENTE SE MEZCLA CON CARAMELO Y SIROPE DE AZÚCAR, POR LO QUE TIENDE A SER MÁS DULCE.

PALANQUETA DE PIÑONES Y GRANADA

Aceite en aerosol

½ tz. de jugo puro de granada

¼ tz. de azúcar

¼ tz. de almíbar de maíz ligero

4 cdas. (½ barra) de mantequilla sin sal

1½ tz. de piñones, tostados

½ cdta. de sal

½ cdta. de polvo para hornear

Utilizar jugo de granada en lugar de agua para hacer esta palanqueta de nueces no sólo le da un bello color caramelo con tono magenta, sino también le agrega un sabor muy sutil a granada. Sirve esta delicia con helado o empaquétala en bolsas de celofán y átalas con listones festivos para obtener deliciosos recuerditos de fiesta.

Engrasa una bandeja para horno grande con aceite en aerosol.

Mezcla el jugo de granada, el azúcar, el almíbar de maíz y la mantequilla en una cacerola gruesa y mediana. Cocina sobre fuego medio, girando la cacerola de vez en cuando, por aproximadamente 12 minutos, o hasta que la mezcla registre 305ºF en un termómetro de lectura instantánea y tenga color caramelo. Retira la olla del fuego e inmediatamente (y con mucho cuidado) incorpora batiendo los piñones, la sal y el polvo para hornear. Vierte la mezcla en la bandeja para horno preparada (la mezcla se va a expandir por sí sola). Deja que la palanqueta se enfríe completamente; luego quiébrala en pedazos y disfruta. La palanqueta durara varios días si la guardas en un bote hermético si vives en un área baja en humedad.

CALABAZA CON AZÚCAR MORENO

3 tz. (compactas) de azúcar moreno oscuro

2 barras de canela de 3 pulgadas de largo

1 calabaza (*butternut squash*) de 4 lbs., cortada en pedazos de 4 pulgadas (con cáscara y semillas)

Gloria Linss, abuela de Valeria, mi asistente editorial, fue muy gentil en darnos la porción perfecta de azúcar y canela por calabaza para esta receta. También nos indicó que en su casa no picaban la calabaza; literalmente estrellaba la calabaza entera contra el piso de la cocina, hasta que se rompiera en pedazos. Puedes mantenerte como en el pasado y hacer eso, pero te sugiero que utilices un cuchillo muy filoso: hace la limpieza más fácil. Para un final dulce, haz como Gloria y rocía la calabaza con leche evaporada fría antes de servir. La leche fría es el perfecto contrapunto para el dulce extravagante de calabaza que se derrite en tu boca con aroma a canela.

Mezcla 6 tazas de agua, el azúcar moreno y las barras de canela en una olla gruesa y grande hasta que el azúcar se disuelva. Agrega la calabaza y calienta hasta hervir sobre fuego alto. Reduce el fuego y cocina a fuego lento, sin tapar por 2½ horas, o hasta que casi todo el líquido se haya evaporado, la mezcla se haga espesa y la calabaza esté muy tierna. Retira las barras de canela, deja que se enfríe la calabaza ligeramente y sirve tibio o a temperatura ambiente.

CHOCOFLÁN

CARAMELO

1 tz. de azúcar granulada

PASTEL DE CHOCOLATE

½ tz. de agua hirviendo

½ tz. de cocoa en polvo sin endulzar

⅓ tz. de leche entera

1 cdta. de extracto de vainilla

1⅓ tz. de harina común

1 cdta. bicarbonato de soda (*baking soda*)

½ cdta. de sal

12 cdas. (1½ barras) de mantequilla, sin sal, a temperatura ambiente, más otro poco para el molde

1 tz. (compacta) de azúcar moreno oscuro

½ tz. de azúcar granulada

3 huevos grandes

Hecho en un molde de rosca, este mitad flan, mitad pastel de chocolate es el matrimonio decadente de dos exquisitos postres clásicos. La masa del pastel de chocolate se prepara primero, luego se vierte en el molde de rosca, seguido por la masa de flan. Las masas pueden aparentar que se mezclan pero se separan completamente mientras se hornean, con el flan terminando en el fondo. A mí me gusta comer el chocoflán caliente, pero tradicionalmente se deja enfriar por 24 horas antes de servir.

Precalienta el horno a 400°F. Engrasa con mantequilla un molde de rosca de 10 pulgadas (de capacidad de 12 tazas).

Para hacer el caramelo, revuelve el azúcar granulada y ¼ de taza de agua en una cacerola gruesa grande sobre fuego medio-alto. Cocina, cepillando los lados interiores de la olla con una brocha húmeda para evitar la formación de cristales, hasta que el azúcar se derrita y la mezcla se vuelva un caramelo ámbar oscuro. Trabajando rápidamente y con cuidado, inmediatamente vierte el caramelo caliente al molde de rosca preparado, inclinándolo para que se cubra la base y la mitad de altura de los lados del molde. Deja el caramelo enfriar completamente por 4 horas o por toda la noche en el refrigerador.

Coloca el molde de rosca cubierto de caramelo dentro de una cacerola para asar, y llena la cacerola de agua hasta la mitad.

Para hacer el pastel de chocolate, bate el agua hirviendo y el polvo de cocoa en un recipiente mediano para mezclar. Incorpora la leche y el extracto de vainilla. En otro recipiente mediano, bate la harina, el bicarbonato de soda y la sal.

RECETA CONTINÚA

FLAN

½ tz. de leche evaporada

½ tz. de leche condensada

2 huevos grandes

½ cdta. de extracto de vainilla

Utilizando una batidora eléctrica, bate la mantequilla, el azúcar moreno y el azúcar granulada hasta que la mezcla esté pálida y esponjosa. Agrega los huevos, uno a la vez, batiendo muy bien después de cada adición. Incorpora la harina y la mezcla de cocoa alternando en tandas, empezando y terminando con la harina (la mezcla se puede separar; no te preocupes). Vierte la harina en el molde de rosca.

Para hacer el flan, mezcla la leche evaporada, la leche condensada, los huevos y la vainilla en una licuadora. Licua por 30 segundos en velocidad alta, hasta que esté suave. Vierte la mezcla con cuidado sobre la masa de chocolate en el molde de rosca. Cubre el molde con papel aluminio y cuidadosamente pásalo, dentro de la cacerola que contiene agua, al horno. Hornea por 15 minutos.

Reduce la temperatura del horno a 350°F y continúa horneando hasta que al introducir un palillo al centro éste salga limpio, aproximadamente 1 hora.

Deja el pastel enfriar en el molde por 15 minutos. Luego cuidadosamente pasa un cuchillo pequeño alrededor de la orilla del pastel, y voltéalo sobre una fuente. Deja enfriar por 1 hora. Cubre, y refrigera toda la noche. Sirve frío.

MARTINIS DE TAMARINDO

12 oz. de vainas frescas de tamarindo, sin cáscara, enjuagadas con agua fría

1 tz. de azúcar

¼ tz. de polvo mexicano de chile y limón (ver pág. 231)

1 rebanada de limón

6 ciruelas saladas (saladitos)

2 a 2½ tz. de vodka

No hay como las frescas vainas de tamarindo (a diferencia de la pulpa) para hacer el agua de tamarindo para esta receta. El tamarindo fresco se debe ver un poco húmedo (y asegúrate de comprar tamarindo sin endulzar, ya que a veces lo venden cubierto de azúcar para que lo comas como dulce). Las ciruelas saladas puedes encontrarlas en los mercados mexicanos o asiáticos. El polvo mexicano de chile y limón estará en la sección de dulces en los mercados mexicanos. Nota que este no es chile en polvo o polvo de chile americano. La intención es que se coma solo o espolvoreado en fruta fresca. Si no puedes encontrar las ciruelas saladas o el polvo mexicano de chile y limón, simplemente omite ambos y mezcla un poco de azúcar y sal para escarchar la orilla. Para los abstemios en casa, incluyendo bebés y embarazadas, el agua de tamarindo es deliciosa por sí sola.

Mezcla el tamarindo con 4 tazas de agua en una cacerola gruesa y mediana sobre fuego medio-alto y cocínalo hasta hervir. Hierve sin tapar, hasta que el tamarindo esté muy suave, de 10 a 15 minutos.

Cuidadosamente vierte el agua en un recipiente y déjalo a un lado. Utilizando un machacador de papas, machaca el tamarindo dentro de la cacerola (las semillas siguen dentro). Regresa el agua de tamarindo reservada a la cacerola e incorpórala a la pulpa machacada. Luego cuela la mezcla a una jarra, presionando los sólidos para extraer el mayor líquido posible (desecha los sólidos). Vierte 3 tazas de agua fresca (la mezcla debe estar un tanto concentrada). Agrega el azúcar y revuelve hasta que se disuelva (el agua de tamarindo puede hacerse con 2 días de anticipación y refrigerarse).

RECETA CONTINÚA

Coloca el polvo de chile y limón en un plato pequeño. Utilizando la rebanada de limón, remoja las orillas de 6 copas de martini. Invierte las copas de martini en el polvo en el plato para escarchar las orillas. Voltea la copa hacia arriba y coloca una ciruela salada en cada copa. Deja a un lado.

Para cada porción, mezcla ¾ de taza de agua de tamarindo con ¼ de taza de vodka en un mezclador de bebidas con hielo. Agita vigorosamente. Sirve en las copas de martini preparadas. (Como alternativa, puedes mezclar toda el agua de tamarindo, todo el vodka y algo de hielo en una jarra grande y solamente vierte la mezcla a cada copa de martini, para una preparación más rápida.)

POLVO MEXICANO DE CHILE Y LIMÓN

El polvo mexicano de chile y limón es parte de nuestra cultura de dulces; lo encuentras en cualquier fiesta de niños, al igual que la piñata. Mis marcas favoritas son Miguelito, Tajín y Lucas. La mayoría de ellos son una combinación de chile en polvo, limón deshidratado, sal y a veces un poco de azúcar, y por ningún motivo deben confundirse con chiles en polvo, que encuentras en la sección de especies de tu supermercado. El polvo es sacudido sobre mangos, sandía, mitades de naranjas, jícamas, pepinos, cualquier fruta o vegetal realmente, para picar. Es una manera muy segura de hacer que mi hijo Fausto se coma sus manzanas en rebanadas. Es también fabuloso sobre maíz a la parrilla, palomitas de maíz y paletas de hielo de frutas. Cuando yo era niña, solía usar el Lucas para bañar casi todo, hasta me lo ponía en la mano y lo chupaba. Ahora como adulto, lo utilizo para escarchar las orillas de las bebidas o en el tarro frío de una cerveza helada.

MICHELADA PREPARADA

1 tz. de jugo de tomate y almeja (de preferencia Clamato)

5 cdas. de jugo fresco de limón

½ tz., más 2 cdtas. de polvo de chile y limón (ver pág. 231)

1 cdta. de salsa picante embotellada (como Tabasco)

1 cdta. de salsa inglesa

1 cdta. de salsa Maggi (ver pág. 28)

1 rebanada de limón

4 botellas de cerveza mexicana, bien heladas

Las micheladas son mis tragos favoritos. Es una bebida sencilla: un poco de jugo fresco de limón y sal mezclados con una cerveza bien helada en un tarro lleno de hielo. Está receta es para la Michelada preparada, conocida también como Michelada cubana en donde yo crecí, una versión picante y acidita hecha con jugo de tomate y almeja. Decidí congelar la mezcla en cubos de modo que siempre los tenga disponibles ya sea para mí o para visitas inesperadas. Frunce los labios y ten cuidado ¡a menos que seas mexicano! Los cubos de hielo se supone deben derretirse un poco en tu cerveza para crear una bebida sabrosa que se cree, cura hasta la peor resaca.

Mezcla el jugo de tomate y almeja, el jugo de limón, 2 cucharaditas del polvo de chile y limón, la salsa picante, la salsa inglesa y la salsa Maggi en un recipiente pequeño para combinar. Vierte la mezcla en una bandeja de cubos de hielo (cualquier figura de cubos de hielo funcionará) y congela.

Enfría 4 tarros de cerveza hasta que estén muy fríos.

Pon la ½ taza del polvo de chile y limón en un plato pequeño. Moja la orilla de cada tarro de cerveza con la rebanada de limón. Invierte los tarros en el polvo de chile y limón para cubrir las orillas. Endereza los tarros y coloca 2 ó 3 cubos de hielo de michelada en cada tarro. Vierte la cerveza sobre los cubos de hielo, espolvorea con un poco del polvo de chile y limón y sirve.

GLOSARIO

Chiles frescos

CHILE ANAHEIM: Llamado así por la ciudad de California, este chile normalmente suave es uno de los más comúnmente disponibles en Estados Unidos; en general es de color verde y tiene una forma alargada y angosta. Cuando está seco, se lo conoce como chile California.

CHILE DE ÁRBOL: Es un chile delgado y verde, lleno de semillas. Tiene un sabor picante rápido y fuerte. Cuando se secan, los chiles de árbol se vuelven de color rojo.

CHILE GÜERO: A la mayoría de los chiles que son amarillo claro o verde muy pálido en México se les llama chiles güeros. Son muy suaves de sabor y son fabulosos para rellenar y freír.

CHILE HABANERO: Pequeños, redondos, de color anaranjado dorado. Estos siempre son extremadamente picantes y se deben manejar y comer con cuidado. Los habaneros son más sabrosos cuando se asan y nunca se pelan. Crudos, son perfectos para encurtir y en salsas frescas.

CHILE JALAPEÑO: Un chile redondo, verde oscuro y brilloso, de 3 a 4 pulgadas de largo. Agradable de picor y fresco de sabor, se usa (crudo) en salsas, chamuscado, encurtido, rebanado en rodajas y relleno. Cuando se maduran en la planta se vuelven de color rojo. Los chiles chipotle son chiles jalapeños ahumados secos.

CHILE POBLANO: Un chile fresco ampliamente usado; verde oscuro, largo y ancho, con cáscara brillante. Se usa en muchos platos tradicionalmente mexicanos como rajas (ver pág. 188) y en chiles rellenos. Madurado en la planta y seco, se lo conoce como chile ancho o pasilla.

CHILE SERRANO: El chile preferido para las salsas. Delgado, en forma de bala, de 2 a 3 pulgadas de largo. Se usa crudo o chamuscado en salsas. Normalmente más picantes que los jalapeños, estos van de picantes a muy picantes.

Chiles secos

CHILE ANCHO (también conocido como pasilla): Un chile ancho, de 3 a 4 pulgadas de largo. El sabor va de suave a muy picante. El chile ancho, rico, de sabor ligeramente afrutado es el más dulce de los chiles secos. El chile debe ser flexible y no demasiado seco. En su estado verde fresco, el ancho se llama chile poblano.

CHILE CASCABEL: Un chile en forma de ciruela, de color rojo oscuro que varía en tamaño de aproximadamente 1 a 1½ pulgadas en diámetro. El nombre de cascabel se le debe por el sonido que hace este chile al sacudirlo. Se usa comúnmente en salsas para agregar un sabor rico a nuez y un sabor picante suave.

CHILE CHIPOTLE: Este chile picante es un jalapeño ahumado seco. Tiene una arrugada cáscara color café oscuro y un sabor ahumado, dulce y casi chocolatoso. Por mucho, es mi chile favorito para cocinar.

CHILE GUAJILLO: El chile más comúnmente usado en salsas rojas y enchiladas. De color rojo oscuro a casi negro, brillosos, de 6 a 8 pulgadas de longitud. Por su cáscara gruesa, los guajillos deben remojarse o cocerse completamente antes de usarlos para salsas.

CHILE MORILLA: También conocido en Baja como chile mora, es un jalapeño más pequeño que se ahúma hasta que es del color de una mora, de ahí su nombre. Es un chile delgado, de aproximadamente 2½ pulgadas de largo y ¾ de pulgada de ancho. El sabor es parecido al del chipotle, el cual es un buen sustituto.

CHILE MULATO: Una variedad diferente del chile poblano seco que es muy similar al ancho (la versión seca del poblano) pero tiene un sabor ligeramente más dulce. Cuando se rehidrata es perfecto para rellenar y tiene un sabor ligeramente a chocolate.

Queso

EMMENTAL: El queso más antiguo e importante de Suiza, llamado así por el Valle Emmental del país. Tiene un sabor suave a mantequilla y nuez, que es apropiado en salsas y para gratinar.

QUESO AÑEJO O COTIJA: Un tipo de queso de leche de vaca, salado, desmoronable, que es considerado el feta mexicano. Es uno de los pocos quesos en México con un sabor fuerte y salado. Está disponible en mercados latinos y algunos supermercados.

QUESO COTIJA: Ver queso añejo.

QUESO FRESCO: Un queso salado, correoso, mojado. Se desmorona fácilmente, como un feta de leche de vaca. Se usa normalmente para espolvorear en platos ya listos como tostadas, taquitos y enchiladas.

QUESO MANCHEGO: Un queso añejo español, de leche de oveja, muy popular en México.

QUESO OAXACA: Un queso cremoso con sabor delicado; se derrite a temperatura baja y tiene tendencia a derramarse y hacerse tiras. Se usa en quesadillas o simplemente frito y comido con tortillas. Un mozzarella seco sirve como sustituto.

QUESO PANELA: Fácil de identificar por su patrón tejido distintivo, marcado por la canasta utilizada como molde. Su sabor es suave y dulce. Se usa comúnmente como aperitivo por sí solo y es muy popular porque es bajo en grasa. Asegúrate de pedir *queso* panela cuando busques este ingrediente; en México, los conos de azúcar cruda, conocidos como piloncillo, también se conocen como panela.

GRACIAS

Crecí con un padre que constantemente nos decía a mi hermano Antonio, a mi hermana Carina y a mí: "No hay peor pecado que el de ser ingrato". Aunque tengo a mi mamá allá arriba usando algunas palancas, me aseguraré de incluir a todos los que me han ayudado en el camino, por si mi papá tiene razón.

Estaba muy equivocada cuando creí que mi mamá Lucha no me vería escribir mi primer libro, ya que ha estado conmigo en cada paso del camino. Gracias, mamá, por un amor tan poderoso que es tan fuerte ahora que te has ido como lo era cuando estabas aquí.

Papá (también conocido como Tony Bolloni), cada día estoy más cerca de conseguirte esa Harley. No es sólo mi pasión por correr la voz sobre la comida mexicana que me motiva; es esa moto con un moñote rojo. Gracias por tus palabras sabias a través del camino: son la mano extendida que me ayuda a levantarme cada vez que tropiezo.

Cari, qué tan afortunadas somos que alguien

hubiera decidido que no sólo íbamos a ser hermanas, ¿sino también mejores amigas? Le agradezco a Dios todos los días sólo por tenerte. Toño, ni siquiera tienes que decir algo y sé lo mucho que me quieres y apoyas. El tamaño de tu corazón y la fuerza con la que lo llevas son lo que te hacen la persona tan increíble que eres. Gracias a los dos por creer en mí.

A mi amado hijo Fausto Antonio Gallardo Valladolid, alias "el guapo", nada de esto significa algo sin ti. Todo lo que haga será siempre por ti. ¿Cómo es que un humano tan pequeñito pudo cambiar mi vida, darme un objetivo y perspectiva, y ayudarme por fin a comprender la profundidad del amor que mis padres tienen por mí? No sé cómo, ni me importa. Simplemente, disfruto cada segundo de cada día que tengo contigo. Fausto (papá), gracias por mi hijo y por tu apoyo.

Isa, Dani, Gaby, Luis To y Pa. Mis bebés. Todos son mis bebés.

Para la familia más guapa sobre la Tierra (según mi tía Martha), el clan Rodríguez: tía Chela, Deme, Andrés, Ernie, Raymundo, Lola, Christian, Denise, Pru, Coque, Moni, tía Martha, Gorda, Güero, Feban, Euge y Clau. Gracias por permitirme ser parte de la familia más unida que conozco.

Tía Marcela, tú inspiraste mi carrera culinaria y me dejaste robar tus recetas. Elsa Flores y Andrés Brambila, gracias por compartir los secretos de sus restaurantes.

Valeria "Chils" Linss, no sólo has sido la mejor asistente en la historia del hombre, también te has convertido en una gran amiga y confidente y la tía favorita de mi hijo (después de Carina, por supuesto). Tienes un futuro brillante por delante mi chava, y yo voy a estar impulsándote cada paso del camino.

Gracias a mi mejor amiga Jos Matthews y a mi veterana favorita del Peace Corps Amy Spindler.

A los "guapos" y "guapas" en William Morris: Eric Lupfer, Lisa Grubka, Raul Mateu, Phillip Button, Albert García y Pedro Bonilla. Gracias por jalarme de los tirantes del traje de baño y no permitirme saltar al agua hasta que la costa estuviera libre.

A Rica Allannic en Clarkson Potter, tu perfecta orientación han hecho que escribir este libro sea fácil y divertido. Amy Sly, gracias por tu hermoso y elegante diseño. Amy Kalyn Sims, hiciste que mi visión se convirtiera en una realidad con tu extraordinaria habilidad como fotógrafa. Danielle Nowak, fue encantador trabajar con tu fiel asistente. A Megan Schlow, mi estilista de comida: es un honor escuchar decir que ien realidad te gustaría comprar este libro! Alberto Machuca, como magia (pero con un poco de maquillaje), milagrosamente me tumbaste diez años de la cara. Denise Canter, mi estilista de utilería, elegiste el plato perfecto para cada salsa. A mi traductora Nuria García y a su asistente Paola Gosset, gracias por una tradución perfecta, precisa y muy tijuanense.

A todos mis amigos y seres queridos, esto es sólo el comienzo. La vida es mucho más dulce (y de hecho, más picante) porque cada uno de ustedes está en ella. Gracias amores, los quiero. ¡Ciao!

ÍNDICE